ポリ袋でつくる

たかこさんのタルト・パイ・フロランタン

がんばらなくても大丈夫！
基本レシピとバリエーション47

稲田多佳子

誠文堂新光社

はじめに

ポリ袋で作る焼き菓子シリーズは、おかげさまで本書で４冊目になりました。今回のテーマは、「タルト、パイ、フロランタン」です。

タルトとパイとフロランタンは、「台＋トッピングやフィリング」という２つ以上のパーツで構成され、一般的な方法で作ると手間も時間もかかる特別感のあるお菓子です。ですが、**ポリ袋を使えば普段の日にササッと作れるおやつに変わります。**そう、「よし！タルト作ろう！」と気合いを入れて腕まくりするのではなく、**「さて、ちょっとタルトでも作ろうかな」くらいの気軽さで作れるのです。**

ポリ袋を使うほかにも、いろいろな「簡単」の工夫を今回のレシピで提案しています。例えば台は、**オイルや溶かしバターを使い、寝かさずオーブンへ。空焼きする際にも、タルトストーン（重石）は使いません。**さらに、**タルトのフィリングとなるアーモンドクリームにもオイルや溶かしバターを使うなど、一般的な方法とはかなり違い、面倒なことや難しいことをいっさい抜きにしています。**普段からお菓子作りをしている方なら「こんな作り方で本当においしくできるの？」と戸惑われるかもしれませんが、疑いながらでもぜひ一度挑戦してみてください！

本シリーズで一貫して目指しているのは、「ポリ袋で作るのだからこのくらいのおいしさで十分よね」という妥協したおいしさではなく、ボウルで作ったものとまったく違わないおいしさです。**こんなに簡単なのに、こんなにちゃんとおいしくできるなんて！とわたしが感じた感動を、一緒に味わっていただけたらうれしいです。**

また、ポリ袋でお菓子を作っていると、「あの工程もこの工程もポリ袋でできる！」という気づきが多くあるのですが、それらをすべてポリ袋で行うと、ひとつのレシピで複数枚のポリ袋を使うということになります。そこで、今回のレシピでは台を作るのに使用したポリ袋をアーモンドクリームで再利用したり、ボウルのほうが作業性よく無理なくおいしくできるフィリングやトッピングについてはボウルを使ったり、少量のナッツを砕くなど小さな手間で済む工程ではポリ袋を使わない方法などをとり、**ポリ袋の使用枚数を最小限に抑えました。**

ポリ袋は、とても便利でありがたい存在でありますが、使い捨てゆえに心がチクッと痛むこともあります。だからこそ、大きな意味と価値のある使い方をしたい。作業にも心にもストレスなく、たくさんの人にお菓子作りを楽しんでいただけますように。

稲田多佳子

最初に押さえておきたいポリ袋で作るポイント

粉類はふるう代わりに **よく振り混ぜる**

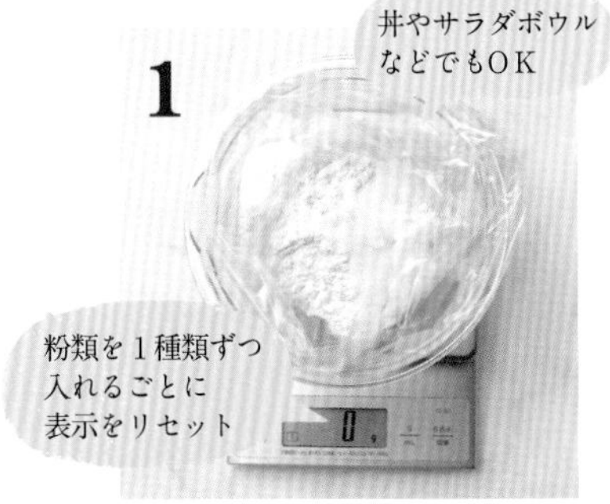

ボウルなどの器にポリ袋をセットする。ポリ袋が安定し、材料が入れやすくなる。

ポリ袋に粉類が入ったら、中に空気が入っている状態で袋の口を４〜６回ねじってしっかり閉じる。

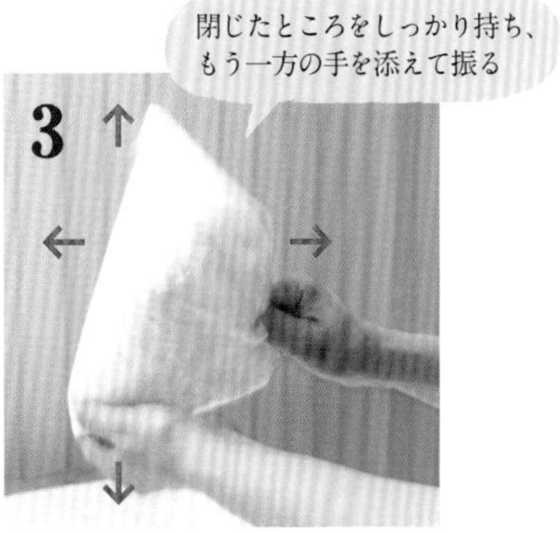

タテヨコに50回以上振る。塊があるときは外から指でつぶす。

台になる生地は **振り混ぜてひとまとまりに**

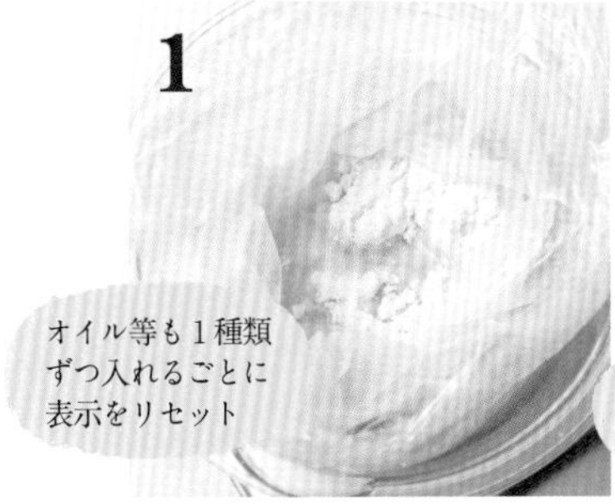

オイル等は、粉類を混ぜたポリ袋に直接、量り入れる。

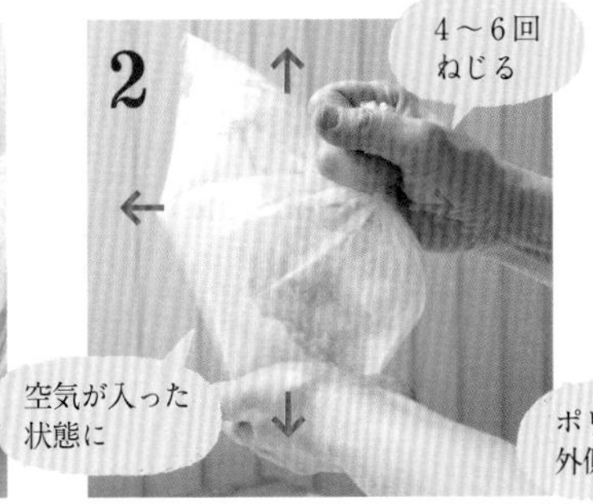

液体類を入れて振るときも上と同様に、袋の口をしっかり閉じて振り混ぜる。

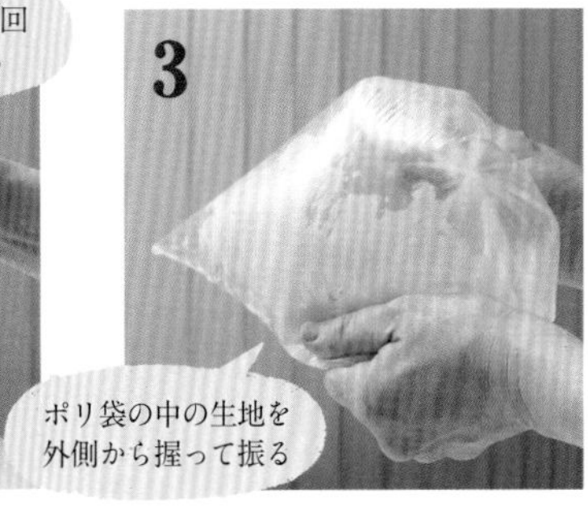

ポリ袋の内側についている生地も外側から握っては振ることを繰り返す。こうすることで、きれいに取れて、ひとまとまりになる。

水分が多いアーモンドクリームなどは **空気を抜いて揉む**

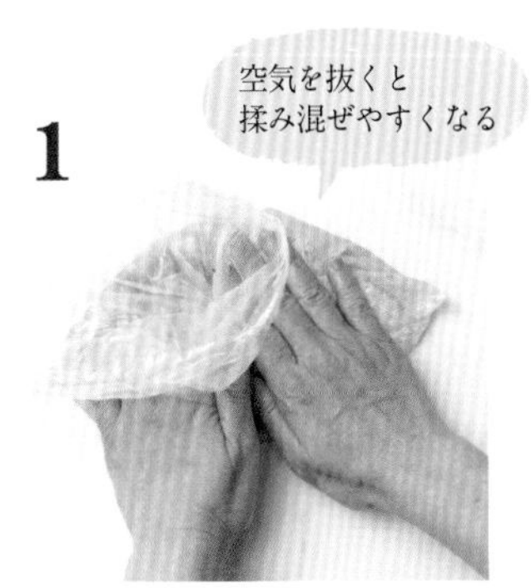

アーモンドクリームやマフィンなど水分が多い生地は、材料を入れたらポリ袋の中の空気を抜く。

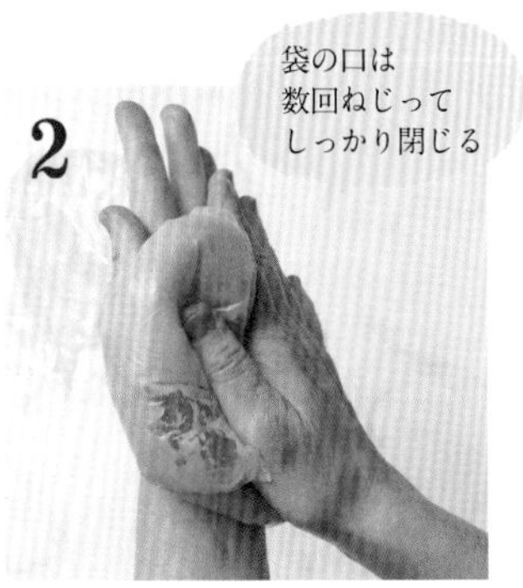

材料のすべてがなじんでなめらかになるまで揉み混ぜる。アーモンドクリームは、時々手のひらですり合わせるようにすると、よく混ざる。

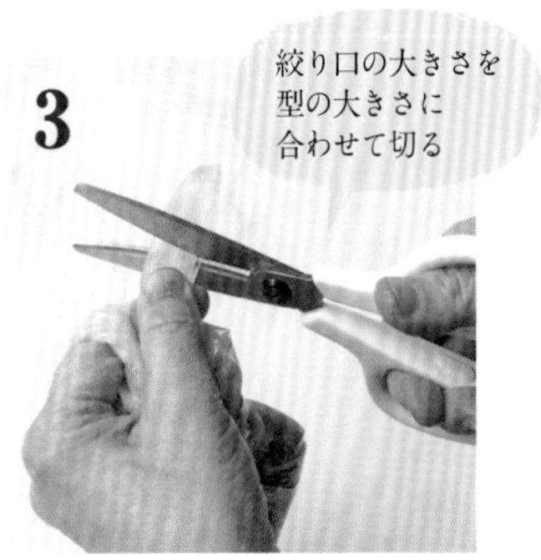

ポリ袋の隅を切って、型に絞り出す。タルト型やバットでは大きく、マフィン型では分けやすいように小さく切る。

もくじ

Part1 Tarte《タルト》

Part2 Pie《パイ》

Part3 Florentin《フロランタン》

レシピの決まり

- レシピ内の大さじは15mℓ、小さじ1は5mℓです。
- 塩の分量で、ひとつまみは親指、人さし指、中指の3本の指先でつまんだ量です。少々は親指と人さし指の2本の指先でつまんだ量です。
- バターを電子レンジで溶かすときは、時々容器をゆするか、中を混ぜながら行ってください。また、溶かしバターは人肌程度に冷めた状態で使用します。
- 電子レンジは出力600Wのものを使用しています。
- オーブンはガスオーブンを使用しています。機種や熱源によって焼き時間に違いがでるので、様子を見ながら加減してください。

基本の道具

ポリ袋のお菓子作りでは、こんな道具を使ってお菓子をおいしく作ります。本書ではボウルや泡立て器などを使用するお菓子も一部あります。その場合はレシピに応じて準備してくださいね。

ポリ袋で作る

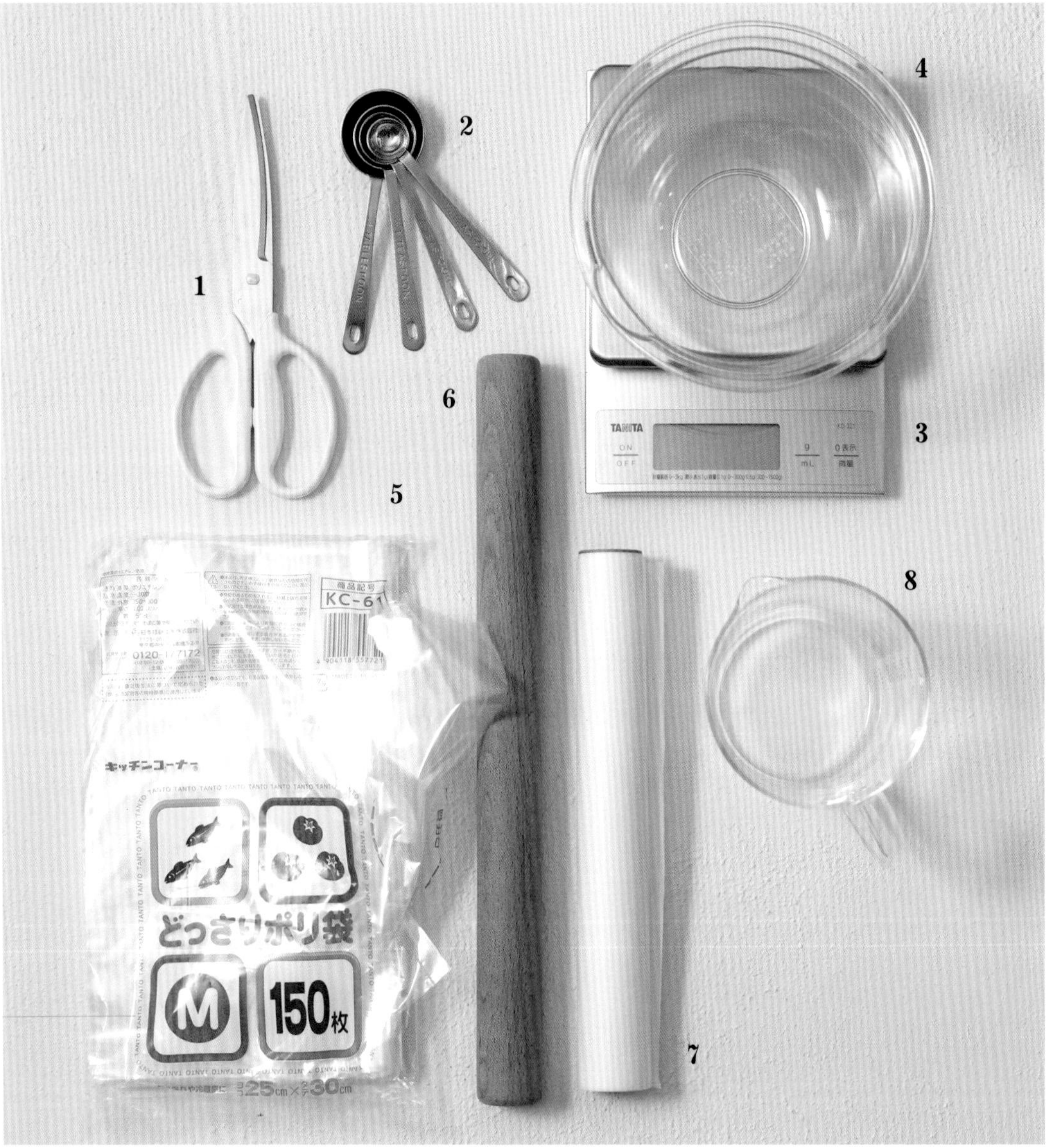

1ハサミ／ポリ袋の隅を切ったり、切り開いたり。オーブンシートを切ったりする時にも使用。**2**計量スプーン／少量の粉類や液体材料を量る時に。大さじは15mℓ、小さじは５mℓ。小さな小さじ1/2、1/4もあると重宝します。**3**スケール／１g単位で誤差なく簡単に量れるデジタル表示のものがとても便利。**4**ボウル／直接ボウルに材料を入れるのではなく、ポリ袋をボウルにセットしてポリ袋を安定させるために使用。適当な大きさの丼やサラダボウルなどでも代用可。**5**ポリ袋／縦30×横25cm、「中」や「Mサイズ」と記されている、ごく一般的な食品用ポリ袋を使用。厚さは0.02mm以上のものを。**6**めん棒／生地を広く均一にのばす時などに使用。ホームセンター、100円ショップでも手に入ります。**7**オーブンシート／くっつかない加工のされた紙製のシート。天板や型に敷いて、お菓子を取り出しやすくします。**8**計量カップ／液体材料を混ぜたり、バターを溶かしたり。使用する材料の分量に応じて適当な大きさのものを選びましょう。マグカップや丈夫なグラス、深さのある器などでも可。電子レンジにかける場合は、レンジ対応の材質のものを。

使用する型

1マフィン型／直径7×深さ3㎝の型が6個連結されているものを使用。同等サイズのプリンカップやココットなどでも代用可能。**2**ホーローバット／約21×16.5×深さ3㎝。野田琺瑯製、キャビネサイズです。**3**タルト型／直径18㎝。樹脂加工された底の取れるものを使いました。

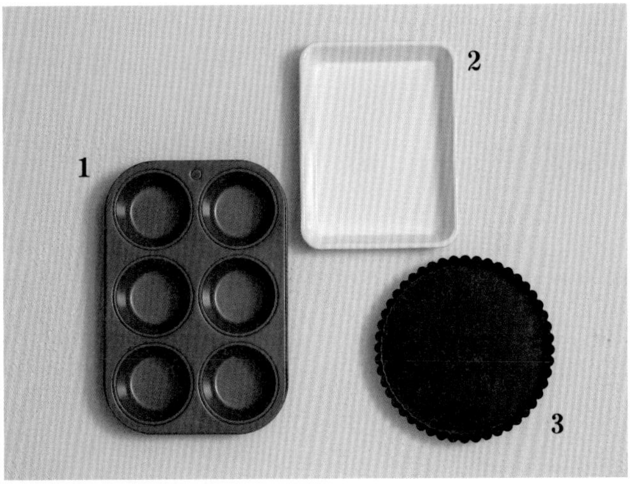

型の準備

お菓子作りを始める前に、使用する型にオーブンシートを敷いたり、剥《はく》離《り》油《あぶら》をスプレーしておきます。

バットにオーブンシートを敷く

バットよりふた回りほど大きめにオーブンシートをカットする。

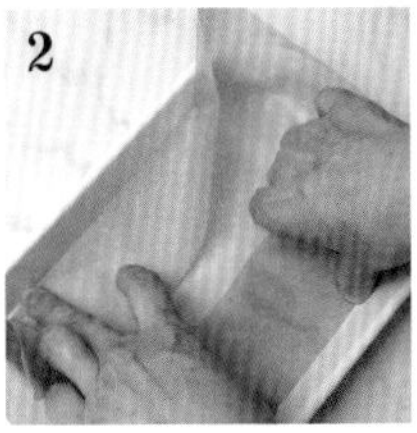

オーブンシートをバットに入れ、底の四辺に合わせて折る。

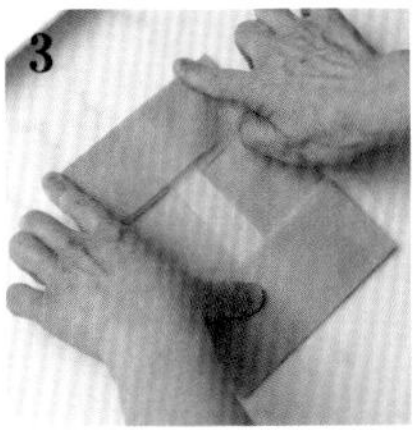

外に出してしっかり折る。

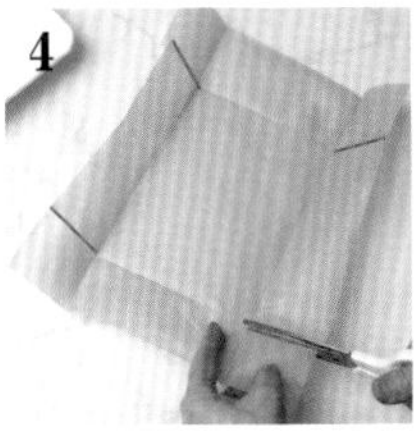

四隅の折り筋を1辺ずつ4カ所ハサミで切る。

バットにセットする。

P.54の「タルトタタン」では四隅を切らず、バットの底の四辺をしっかり押さえて敷き込む。

マフィン型に入れるオーブンシートを用意する

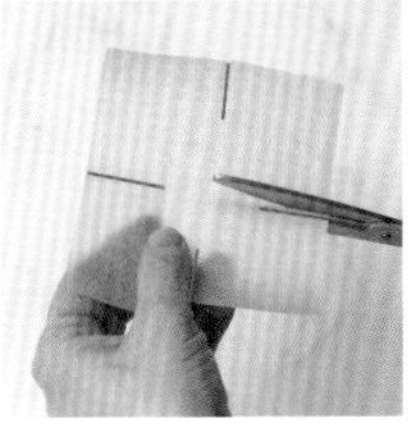

10～11㎝四方のオーブンシートを用意し、4本の切り込みを入れる。

タルト型や、オーブンシートを敷かないマフィン型の場合

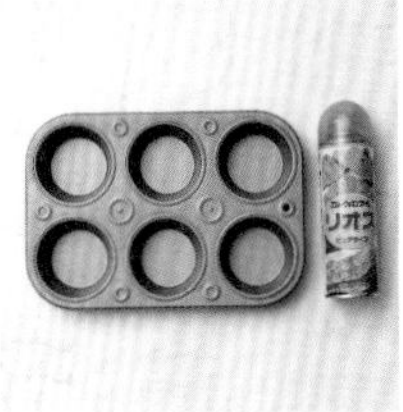

タルト型、マフィン型ともに剥離油を吹きつけるか、バターを薄く塗っておく。こうすることで、お菓子が型にくっつかずスルッと取り出せる。

基本の材料

本書で使用した、基本となる主な材料あれこれです。材料選びの参考にしながら、手に入りやすいもの、普段お使いのもので、気軽に楽しく作りましょう。

粉類と油脂類

1強力粉／タンパク質（グルテン）の多い粉。強さを持たせたいパイ生地に、薄力粉と合わせて使います。**2**薄力粉／お菓子作りには欠かせない基本となる粉。タンパク質が少なく、サクサクとした軽さやふんわりとした生地感を作ってくれます。**3**アーモンドパウダー／アーモンドを粉状に挽いたもの。お菓子にナッツの風味とコクが加わって、リッチな味わいに。アーモンドプードルとも呼ばれます。**4**塩／粒子の細かいサラサラとしたものが扱いやすいです。焼き塩もおすすめ。**5**砂糖／溶けやすくてなじみやすい微細粒の製菓用グラニュー糖を使用。製菓材料店などで簡単に手に入ります。生地の感じは少し変わりますが、きび砂糖でも代用可。**6**ベーキングパウダー／お菓子に軽やかさを持たせ、膨らませてくれる膨張剤。アルミニウムフリーのものが安心。**7**バター／食塩不使用のものを選びましょう。**8**オイル／軽くて油っこくない「オレインリッチ」（ひまわり油・昭和産業）を使用。米油、太白胡麻油など、無味無臭のクセのない植物油なら何でもＯＫ。種類よりも新鮮なものを使うのが、オイルのお菓子をおいしく作るポイントです。

乳製品や卵

1はちみつ／種類によって甘さや風味が違うのもはちみつの面白いところ。お好みのもので。2牛乳／成分無調整、適度なコクのあるものを。3ヨーグルト／砂糖不使用のプレーンタイプを。本書では酸味がとても穏やかな小岩井乳業の「生乳100％ヨーグルト」を使用。4生クリーム／風味と口溶けのよい動物性、乳脂肪分47％の純生クリームを使いました。泡立ててトッピングに使うレシピでは、35〜40％程度の軽いものでもOKです。5卵／Lサイズを使用。1個につき正味量60gで、卵黄は20g、卵白は40gとしてレシピを出しました。

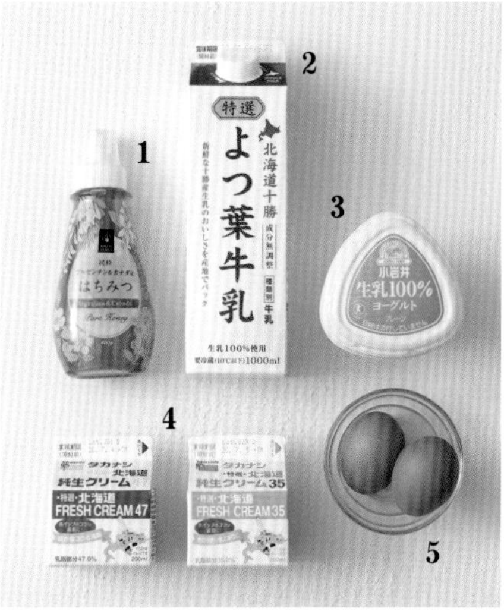

タルトとパイの生地をおいしく焼き上げるコツ

空気穴をあける

アーモンドクリームや中に入れる具がきれいに収まるように、底の膨らみを押さえます。火の通りもよくなります。

1

型に生地を敷いたら、底一面にフォークで均一に空気穴をあける。

2

焼き上がったあと、底や内側の膨らみを、熱いうちにスプーンの背でやさしくそっと押さえる。

具の水分対策をする

底までしっかりと焼けるように、液状のフィリングやフルーツなどの水分が生地に染み込んでしまうのを防ぎます。

［卵を使う］

オーブンから出してすぐ刷毛で焼き上がった生地の内側に溶き卵（卵白でも可）を塗る。再び、オーブンに入れて余熱で1〜3分乾かす。

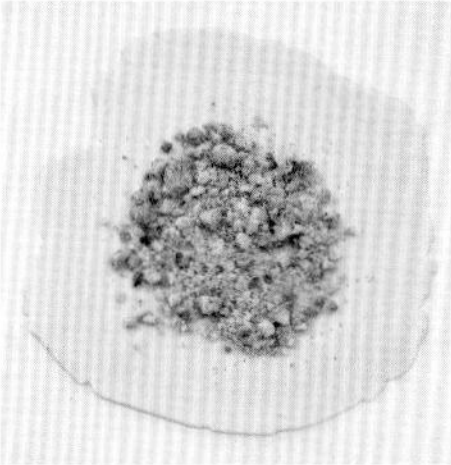

［クッキーなどを使う］

生地の上に市販のクッキーを細かく砕いて敷く。

クッキーのほか、スポンジケーキやカステラの余り、パン粉などでもOK。

Part1 Tarte《タルト》

手早く作れるようタルト台の油脂はすべてオイルで。
アーモンドクリームも素早くなじむ溶かしバターや
オイルを使用。型の下準備や生地の敷き込みが
劇的にラクになる小ぶりなホーローバットを使うなど、
タルトを簡単快適に作るための工夫がいっぱい。
台もプレーンのほか、ココア味、紅茶味、コーヒー味など
バリエーション豊か。タルトの構成を楽しみながら
おいしく食べる味の工夫もいっぱいです。

ブルーベリーと
キャラメルバナナのタルト

お砂糖を焦がすことで生まれる苦みがバナナの濃厚な甘さを引き締めます。
褐色に染まったアーモンドクリームにブルーベリーを散らしてシックな表情に。
タルト台とアーモンドクリームが、ポリ袋1枚だけで作れるレシピです。

＼プレーン台／

ブルーベリーとキャラメルバナナのタルト

材料
（21×16.5×深さ３cmのバット１台分）

タルト台
A薄力粉…60g
- アーモンドパウダー…20g
- グラニュー糖…20g
- 塩…ひとつまみ

オイル…25g

アーモンドクリーム
Bグラニュー糖…35g
- バター…40g
- アーモンドパウダー…60g
- 卵…１個

キャラメルバナナ
バナナ…１本（正味100g）
Cグラニュー糖…20g
- 水…小さじ1/2

ブルーベリー（冷凍）…80gほど

下準備
- 卵は室温に戻す。
- バターは電子レンジか湯煎にかけて溶かす。
- バットにオーブンシートを敷く。

1 キャラメルバナナを作る

バナナは小さくちぎる。

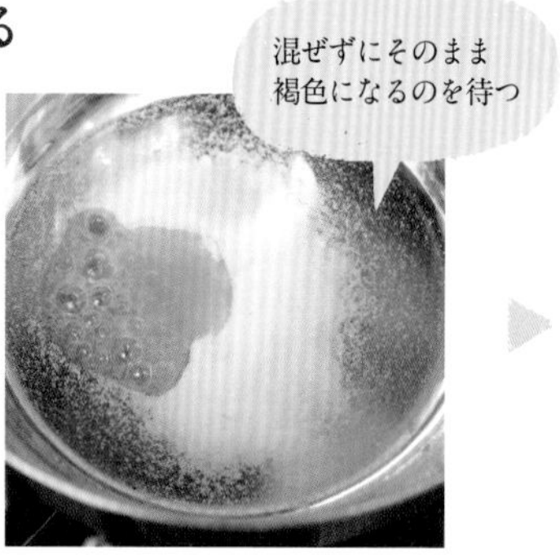

鍋にCを入れて中火にかける。次第にグラニュー糖が溶け、褐色に色づいてくる。

薄茶色になったら時々鍋を回して濃い茶色に焦がし、バナナを加える。

耐熱のヘラで混ぜながらバナナにキャラメルを絡める。バナナとキャラメルがよくなじみ、とろりとしたら火を止め、そのまま冷ます。

2 タルト台を作る

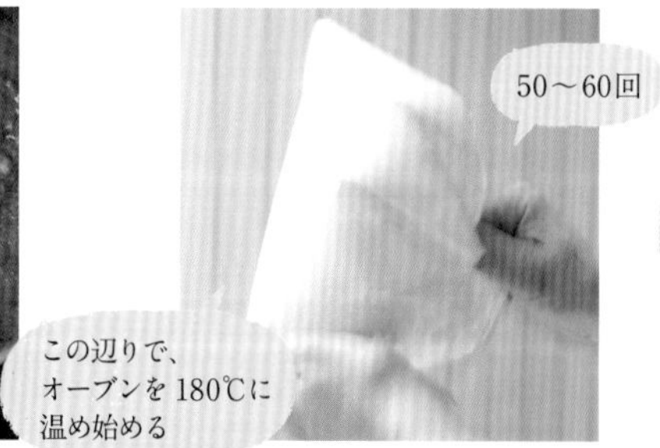

ポリ袋にAを量り入れ、袋の口をねじってしっかりと閉じ、よく振り混ぜる。これがふるう工程になる。

オイルを量り入れ、再び袋の口をねじってしっかりと閉じ、振り混ぜる。

時々袋についた生地も一緒に握りながら振り混ぜる。

写真のようにひとまとまりになったら、袋の上からのして、ある程度の大きさに広げ、生地をバットに移す。

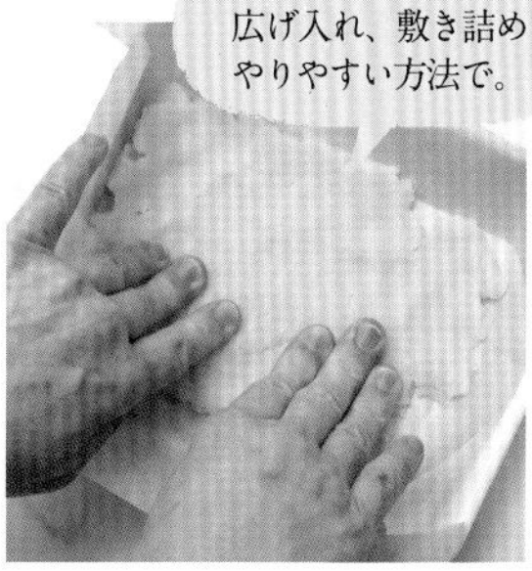

手指でバットの底全体に押し広げて、平らに敷き詰める。

厚みを均等にするために

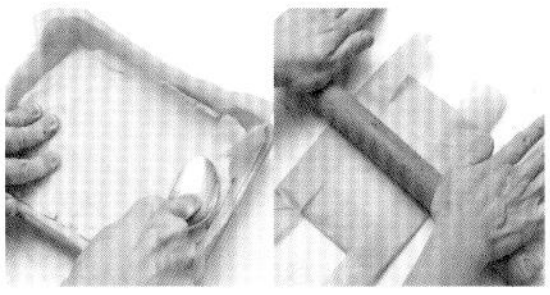

スプーンの背でならしたり、シートごと取り出してめん棒でのすときれいに仕上がる。

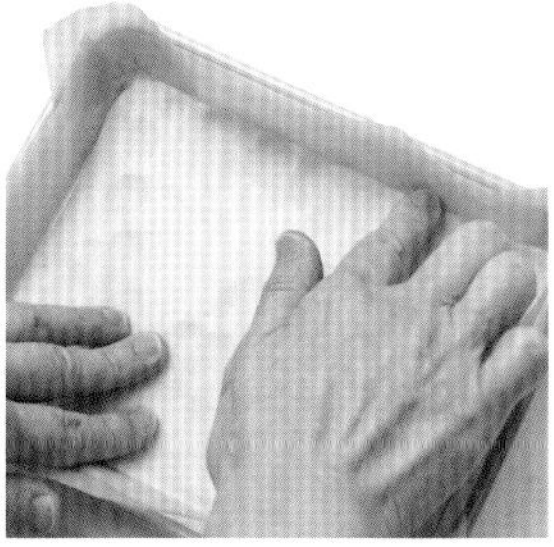

さらに、端まできっちり指で敷きつめる。

フォークで空気穴を均等に多めにあけ、180℃のオーブンで軽く色づくまで13分ほど焼く。

3 アーモンドクリームを作る

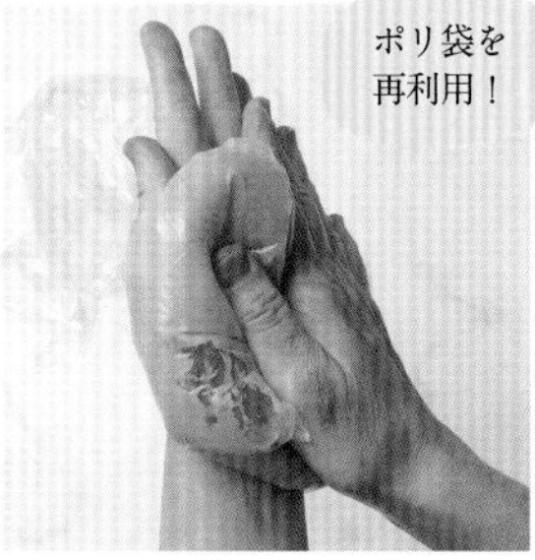

2で使用したポリ袋にBを量り入れ、空気を抜く。袋の口をねじってしっかりと閉じ、なめらかになるまで揉み混ぜる。時々、両手ですり合わせるようにするとよい。

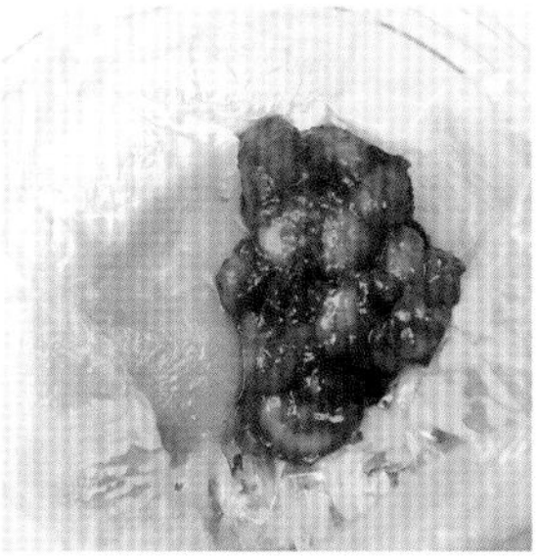

1を加えて空気を抜き、袋の口をねじってしっかり閉じる。

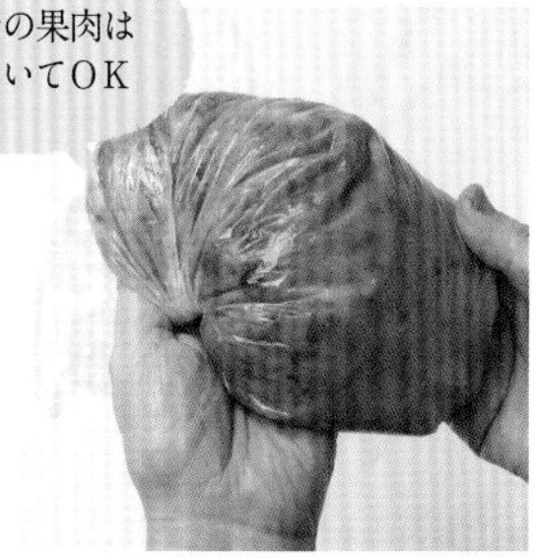

全体に1が行き渡るように軽く揉み混ぜる。

＊袋の内側にタルト台の生地が少し残っていても大丈夫です。
ポリ袋の強度などに不安がある場合は、新しいポリ袋を使ってください。

4 ブルーベリーを散らして焼く

ポリ袋の隅を切って、焼き上がったタルト台に絞り入れ、スプーンの背でならす。

冷凍ブルーベリーを散らし、180℃のオーブンで25分ほど焼く。

焼き上がり。

\そば粉台/

小豆とくるみのタルト

小豆を混ぜ込んだアーモンドクリームに、カリッと焼けたくるみの歯ごたえがおいしいアクセント。それらを受け止める台はそば粉をやさしく香らせた、和風のタルトです。グラニュー糖の代わりにきび砂糖で作ってもおいしくできます。

材料（21×16.5×深さ３㎝のバット１台分）

タルト台

A薄力粉…60g
　そば粉…20g
　グラニュー糖…20g
　塩…ひとつまみ
オイル…25g
牛乳…５g

アーモンドクリーム

Bグラニュー糖…40g
　バター…45g
　アーモンドパウダー…60g
　卵…１個

ゆで小豆…80g
くるみ（ロースト）…30g
仕上げ用の粉砂糖…適量

下準備

・卵は室温に戻す。
・バターは電子レンジか湯煎にかけて溶かす。
・バットにオーブンシートを敷く。
・オーブンを180℃に温める。

作り方

1 タルト台を作る。ポリ袋にAを入れ、袋の口をねじってしっかりと閉じ、よく振り混ぜる。オイルと牛乳を加え、再び袋の口をねじってしっかりと閉じ、ひとまとまりになるまで振り混ぜる（時々外側から生地を握りながら振り混ぜる）。

2 １をバットに入れ、手指で全体に押し広げ、平らに敷き詰める。フォークで全体に空気穴をあけ、180℃のオーブンで軽く色づくまで13分ほど焼く。

3 アーモンドクリームを作る。１で使用したポリ袋にBを入れ、袋の口をねじってしっかりと閉じ、なめらかになるまで揉み混ぜる（時々両手ですり合わせるようにしながら揉み混ぜる）。ゆで小豆を加え、全体に行き渡るように軽く揉み混ぜる。

4 袋の隅をハサミで切って２のタルト台に絞り入れ、スプーンの背で表面をならす。くるみを手で割って散らし、茶こしなどで粉砂糖をふって、180℃のオーブンで25分ほど焼く。

PROCESS

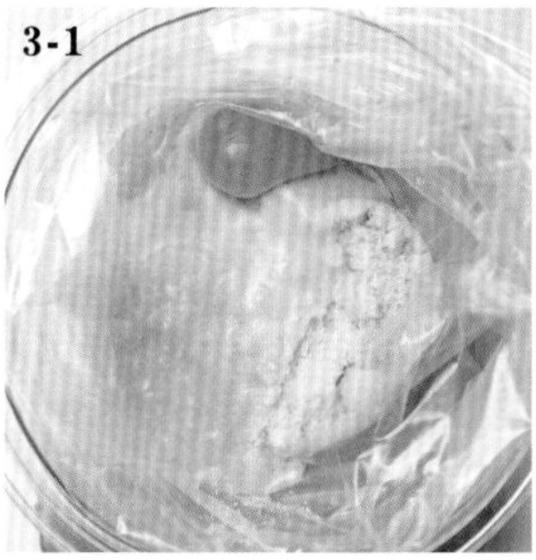
3-1

3-2

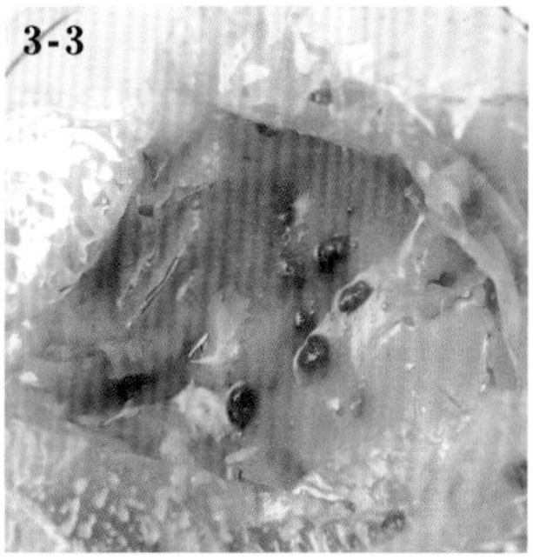
3-3

\プレーン台/

グレープフルーツと刻みチョコのタルト

オレンジとチョコレートの相性のよさは言わずもがな、同じ柑橘のグレープフルーツもまたチョコレートとよく合うのです。チョコレートはビターでもミルクでもお好みで。グレープフルーツはルビーでもホワイトでもOKです。

材料（21×16.5×深さ３cmのバット１台分）

タルト台

A薄力粉…60g
アーモンドパウダー…20g
グラニュー糖…20g
塩…ひとつまみ

オイル…25g

アーモンドクリーム

Bグラニュー糖…45g
バター…40g
アーモンドパウダー…65g
卵…１個

板チョコレート…35gほど
グレープフルーツ…１個
仕上げ用の粉砂糖…適量

下準備

- 卵は室温に戻す。
- バターは電子レンジか湯煎にかけて溶かす。
- 板チョコレートは細かく刻み、冷蔵庫に入れておく。
- グレープフルーツは皮と薄皮と種を除いて２等分し（下記参照）、キッチンペーパーに取る。
- バットにオーブンシートを敷く。
- オーブンを180℃に温める。

作り方

1 タルト台を作る。ポリ袋にAを入れ、袋の口をねじってしっかりと閉じ、よく振り混ぜる。オイルを加え、再び袋の口をねじってしっかりと閉じ、ひとまとまりになるまで振り混ぜる（時々外側から生地を握りながら振り混ぜる）。

2 １をバットに入れ、手指で全体に押し広げ、平らに敷き詰める。フォークで全体に空気穴をあけ、180℃のオーブンで軽く色づくまで13分ほど焼く。

3 アーモンドクリームを作る。１で使用したポリ袋にBを入れ、袋の口をねじってしっかりと閉じ、なめらかになるまで揉み混ぜる（時々両手ですり合わせるようにしながら揉み混ぜる）。チョコレートを加え、全体に行き渡るよう軽く揉み混ぜる。

4 袋の隅をハサミで切って、２のタルト台に絞り入れ、スプーンの背で表面をならす。グレープフルーツを散らし、180℃のオーブンで30〜35分ほど焼く。冷めたら茶こしなどで粉砂糖をふって仕上げる。

POINT グレープフルーツの皮をむく

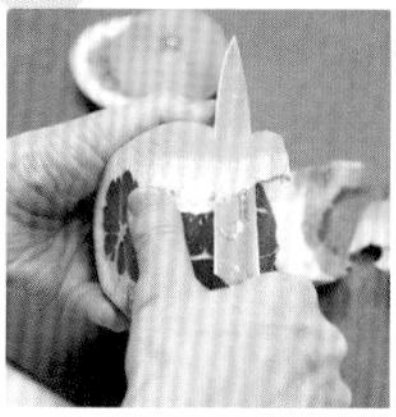
上下を切り落としてから、まわりの皮をナイフで取り除く。

薄皮に沿って片側にナイフを入れる。

ナイフを入れたところから外側に向けて刃先を動かし果肉をはずす。

果肉が取れたところ。このあと２等分にしてキッチンペーパーに取り水気を切る。

La lectur
Une
du n
tête
MODE EST
SANT
DELI
CIEUX!!
RICHES VIVENT
AVEC DES
ecidez
Maintenant

\ココア台/

サワーチェリーとココアのタルト

ココアの風味がたっぷり楽しめる、マフィン型で焼いた小さなタルトです。
酸味の効いたサワーチェリーを甘く煮てココア生地となじませました。
ココアパウダーは砂糖やミルクの入っていない純粋なものを選んでください。

材料（直径約７㎝のマフィン型６個分）

タルト台

A 薄力粉…40g
　ココアパウダー（無糖）…10g
　アーモンドパウダー…10g
　グラニュー糖…15g
　塩…ひとつまみ
オイル…20g

アーモンドクリーム

B グラニュー糖…50g
　バター…45g
　アーモンドパウダー…50g
　ココアパウダー（無糖）…10g
　卵…１個

サワーチェリー（下記参照）…200g（正味）
グラニュー糖…50g

下準備

・卵は室温に戻す。
・バターは電子レンジか湯煎にかけて溶かす。
・約10㎝角のオーブンシートを６枚用意し、それぞれに４本の切り込みを入れる（右下の写真参照）。
・サワーチェリーはザルにあけて汁気を切る。

作り方

1 サワーチェリーを煮る。鍋にグラニュー糖とサワーチェリーを入れて中火にかけ、時々混ぜながら汁気がほとんどなくなるまで煮て、そのまま冷ます。

2 タルト台を作る。オーブンを180℃に温める。ポリ袋にAを入れ（ココアパウダーにダマがある場合、茶こしを通す）、袋の口をねじってしっかりと閉じよく振り混ぜる。オイルを加え、再び袋の口をねじってしっかりと閉じ、ひとまとまりになるまで振り混ぜる（時々外側から生地を握りながら振り混ぜる）。

3 2を６等分してそれぞれ丸め、オーブンシートの真ん中に置く。マフィン型底面の大きさに合わせて手のひらで押して平らにし、マフィン型に入れる。竹串で空気穴をあけ、180℃のオーブンで12分ほど焼く。

4 アーモンドクリームを作る。2で使用したポリ袋にBを入れ、袋の口をねじってしっかりと閉じ、なめらかになるまで揉み混ぜる（時々両手ですり合わせるようにしながら揉み混ぜる）。

5 袋の隅をハサミで切って3の型に等分に絞り入れる。1を分け入れ、180℃のオーブンで20分ほど焼く。

サワーチェリーは、酸味の強いさくらんぼの缶詰。製菓材料店や輸入食品店などで入手可。

PROCESS

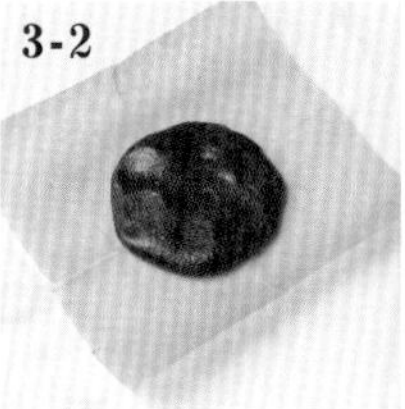

\プレーン台/

黒蜜きな粉のティラミス風タルト

黒蜜がしみたきな粉入りのアーモンドクリームに
コクのあるクリームを重ね、きな粉をふってティラミス風に仕上げました。
黒蜜を手作りする場合は、右下の写真を参考にしてください。

材料（21×16.5×深さ３㎝のバット１台分）

タルト台

A薄力粉…60g
アーモンドパウダー…20g
グラニュー糖…20g
塩…ひとつまみ
オイル…25g

アーモンドクリーム

Bグラニュー糖…40g
バター…40g
アーモンドパウダー…40g
きな粉…10g
卵白…１個分
ラム酒…小さじ１

黒蜜…大さじ１～２
＊手作りする場合は、下記参照。

クリーム

C生クリーム（乳脂肪分45～47％＊）…150g
卵黄…１個分
グラニュー糖…15g

＊ここでは乳脂肪分の多い生クリームを使うことで、卵黄を入れても泡立ちやすい、コクのあるクリームにします。

仕上げ用のきな粉…適量

下準備

・バターは電子レンジか湯煎にかけて溶かす。
・バットにオーブンシートを敷く。
・オーブンを180℃に温める。

作り方

1 タルト台を作る。ポリ袋にAを入れ、袋の口をねじってしっかりと閉じ、よく振り混ぜる。オイルを加え、再び袋の口をねじってしっかりと閉じ、ひとまとまりになるまで振り混ぜる（時々生地を握りながら振り混ぜる）。

2 １をバットに入れ、手指で全体に押し広げ、平らに敷き詰める。フォークで全体に空気穴をあけ、180℃のオーブンで軽く色づくまで13分ほど焼く。

3 アーモンドクリームを作る。１で使用したポリ袋にBを入れ、袋の口をねじってしっかりと閉じ、なめらかになるまで揉み混ぜる（時々両手ですり合わせるようにしながら揉み混ぜる）。

4 袋の隅をハサミで切って２のタルト台に絞り入れ、スプーンの背で表面をならし、180℃のオーブンで18分ほど焼く。オーブンから出してすぐ、黒蜜を表面全体に回しかけ、スプーンの背で塗り広げる。

5 クリームを作る。ボウルにCを入れ、ハンドミキサーで７～８分立てに泡立てる。これを冷めた４の上に塗り広げ、茶こしなどできな粉をふって仕上げる。

POINT 黒蜜を手作りする（作りやすい分量）

小鍋に黒糖30g、きび砂糖20g、水50g（すべて分量外）を入れ火にかける。

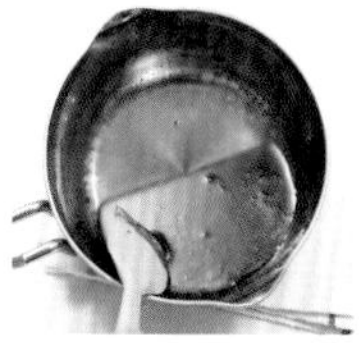

沸騰したら弱火にし、時々鍋を回しながら煮る。砂糖が完全に溶けてほんの少しとろみがつけば完成。

THE
METRIC BOARD

\ 黒糖台 /

黒糖とラムレーズンのクランブルタルト

クランブルとはぽろぽろのクッキー生地のこと。ひとつのクランブルでタルト台とトッピングができる一石二鳥のお得なレシピ。ここではアーモンドクリームもオイルで作るので、バターを溶かす手間がなくさらに簡単です。

材料（21×16.5×深さ３㎝のバット１台分）

クランブル生地

A薄力粉…100g
　アーモンドパウダー…30g
　黒糖(粉末)…35g
　塩…ひとつまみ

オイル…40g

アーモンドクリーム

Bアーモンドパウダー…65g
　きび砂糖…40g
　オイル…40g
　卵…１個

ラムレーズン(市販)…80g

下準備

・卵は室温に戻す。
・バットにオーブンシートを敷く。
・オーブンを180℃に温める。

作り方

1 クランブルを作る。ポリ袋にAを入れ、袋の口をねじってしっかりと閉じ、よく振り混ぜる。オイルを加え、再び袋の口をねじってしっかりと閉じ、振り混ぜてぽろぽろのそぼろ状にする。

2 １の約半量をバットに入れる。手指でしっかり押して平らに敷き詰め、フォークで全体に空気穴をあける。＊袋に残ったクランブルは、適当な器などによけておく。または、そのままにして、３で別のポリ袋を使ってもよい。

3 アーモンドクリームを作る。１で使用したポリ袋にBを入れ、袋の口をねじってしっかりと閉じ、なめらかにもみ混ぜる（時々両手ですり合わせるようにしながら揉み混ぜる）。ラムレーズンを加え、全体に行き渡るよう軽く揉み混ぜる。

4 袋の隅をハサミで切り、２のタルト台に絞り入れてスプーンの背でならし、残りのクランブルを散らす。この時、大きなかたまりは小さくちぎって散らす。表面を手で軽く押さえて落ち着かせ、180℃のオーブンで25〜30分焼く。

PROCESS

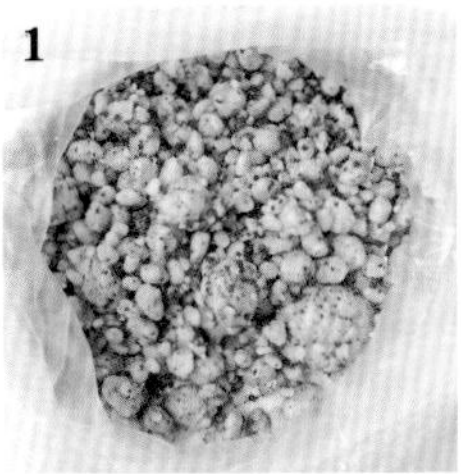

＼プレーン台／

柚子と抹茶のクランブルタルト

柚子ピール入り抹茶風味のアーモンドクリームで、甘さの中に感じられる
さわやかな酸味とほのかな苦みを楽しんで。柚子ピールはレモンピールに変えると、
少し洋風に寄ったおいしさになります。

材料（21×16.5×深さ３cmのバット１台分）

クランブル生地

A薄力粉…100g
アーモンドパウダー…30g
グラニュー糖…35g
塩…ひとつまみ
オイル…40g

アーモンドクリーム

Bアーモンドパウダー…60g
抹茶パウダー…５g
グラニュー糖…40g
オイル…40g
卵…１個
柚子ピール（下記参照）…35g

下準備

・卵は室温に戻す。
・柚子ピールは大きければ小さく刻む。
・バットにオーブンシートを敷く。
・オーブンを180℃に温める。

柚子ピールは柚子の皮の砂糖漬けです。製菓材料店などで入手できます。

作り方

1 クランブルを作る。ポリ袋にAを入れ、袋の口をねじってしっかりと閉じ、よく振り混ぜる。オイルを加え、再び袋の口をねじってしっかりと閉じ、振り混ぜてぽろぽろのそぼろ状にする。

2 １の約半量をバットに入れる。手指でしっかり押して平らに敷き詰め、フォークで全体に空気穴をあける。＊袋に残ったクランブルは、適当な器などによけておく。または、そのままにして、３で別のポリ袋を使ってもよい。

3 アーモンドクリームを作る。１で使用したポリ袋にBを入れ（抹茶パウダーにダマがある場合、茶こしを通す）、袋の口をねじってしっかりと閉じ、なめらかに揉み混ぜる（時々両手ですり合わせるようにしながら揉み混ぜる）。

4 袋の隅をハサミで切り、２のタルト台に絞り入れてスプーンの背でならし、残りのクランブルを散らす。この時、大きなかたまりは小さくちぎって散らす。表面を手で軽く押さえて落ち着かせ、180℃のオーブンで25〜30分焼く。

＼プレーン台／

ルバーブのクランブルタルト

透き通るようなルビーレッドが美しいルバーブをたっぷり焼き込みました。
生では筋があり固そうに見える野菜ですが、加熱するとすぐにとろりと
やわらかくなります。果物のような甘酸っぱさがあり、タルトによく合います。

材料（21×16.5×深さ３cmのバット１台分）

クランブル生地

A薄力粉…100g
　アーモンドパウダー…30g
　グラニュー糖…35g
　塩…ひとつまみ
オイル…40g

アーモンドクリーム

Bアーモンドパウダー…65g
　グラニュー糖…45g
　バター…40g
　卵…１個

ルバーブの茎…２本(約200g)
グラニュー糖…40g

下準備

・卵は室温に戻す。
・ルバーブの茎は1.5～２cm長さの斜め切りにしてボウルに入れ、グラニュー糖を加えて混ぜる。30分ほど置いておく。

・バターは電子レンジか湯煎にかけて溶かす。
・バットにオーブンシートを敷く。
・オーブンを180℃に温める。

PROCESS

4-1

4-2

作り方

1 クランブルを作る。ポリ袋にAを入れ、袋の口をねじってしっかりと閉じ、よく振り混ぜる。オイルを加え、再び袋の口をねじってしっかりと閉じ、振り混ぜてぽろぽろのそぼろ状にする。

2 1の約半量をバットに入れる。手指でしっかり押して平らに敷き詰め、フォークで全体に空気穴をあける。＊袋に残ったクランブルは、適当な器などによけておく。または、そのままにして、3で別のポリ袋を使ってもよい。

3 アーモンドクリームを作る。1で使用したポリ袋にBを入れ、袋の口をねじってしっかりと閉じ、なめらかに揉み混ぜる(時々両手ですり合わせるようにしながら揉み混ぜる)。

4 袋の隅をハサミで切り、2のタルト台に絞り入れ、スプーンの背で平らにならし、ルバーブの汁気を切ってのせる。残りのクランブルを散らす。この時、大きなかたまりは小さくちぎって散らす。表面を手で軽く押さえて落ち着かせ、180℃のオーブンで30～35分焼く。

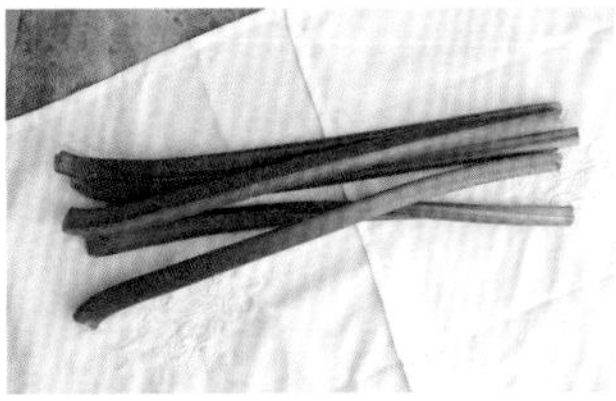

ジャムにしてもおいしいルバーブ。
本書で使用したルバーブの入手先は、
P.96をご覧ください。

\紅茶台/

ラズベリーと白餡と紅茶のタルト

白餡を練り込んだアーモンドクリームの奥ゆかしい味わいが、
表面に散らしたラズベリーの酸味を際立たせるとともにやさしく包みます。
タルト台には紅茶を少し加え、香りをほんのり添えました。

材料（直径18cmのタルト型１台分）

タルト生地

A薄力粉…80g
　アーモンドパウダー…25g
　グラニュー糖…30g
　紅茶の葉…２g
　塩…ひとつまみ

Bオイル…40g
　水…５g

アーモンドクリーム

Cアーモンドパウダー…30g
　グラニュー糖…30g
　バター…45g
　白餡…80g
　卵…１個

ラズベリー（冷凍）…約70g
仕上げ用の粉砂糖…適量

下準備

- 卵は室温に戻す。
- バターを電子レンジか湯煎にかけて溶かす。
- 型に剥離油を吹きつけるか、バターを塗る（ともに分量外）。
- オーブンを180℃に温める。

作り方

1 タルト台を作る。ポリ袋にAを入れ、袋の口をねじってしっかりと閉じ、よく振り混ぜる。Bを加え、再び袋の口をねじってしっかりと閉じ、ひとまとまりになるまで振り混ぜる（時々外側から生地を握りながら振り混ぜる）。

2 袋のまま上から手で押して直径14〜16cmに広げ、袋から出して型に入れる。手指で全体に押し広げ、型の底と側面に沿うように押してきっちりと敷き詰める（底面はスプーンの背でならすとよい）。底面にフォークで空気穴をあけ、180℃のオーブンで14分ほど焼く。生地の膨らみはスプーンの背でそっと押さえる。

3 アーモンドクリームを作る。２で使用したポリ袋にCを入れ、袋の口をねじってしっかりと閉じ、なめらかになるように揉み混ぜる（時々両手ですり合わせるようにしながら揉み混ぜる）。

4 袋の隅をハサミで切って２のタルト台に絞り入れ、スプーンの背で表面をならす。冷凍ラズベリーを散らし、180℃のオーブンで25分ほど焼く。茶こしなどで粉砂糖をふって仕上げる。

PROCESS

1
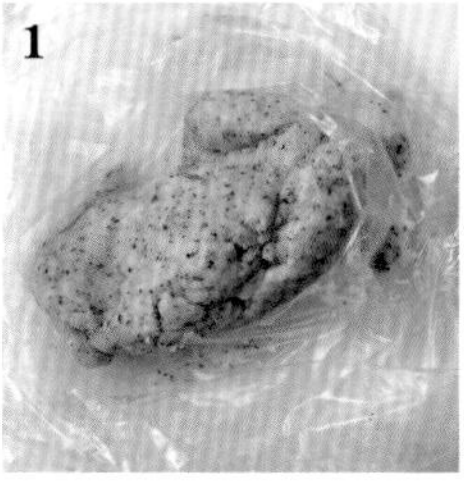

2-1
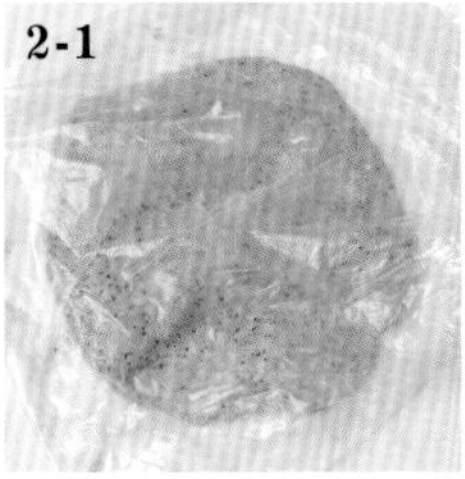

2-2
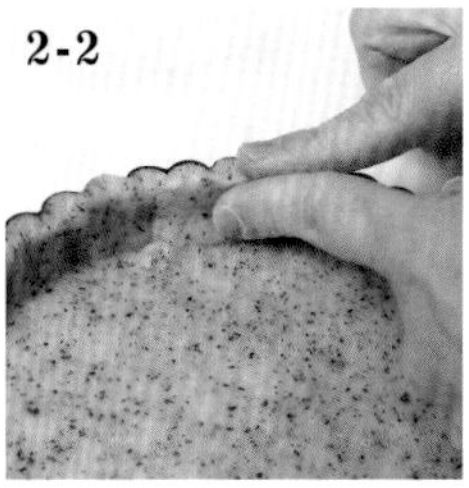

\ブラウンシュガー台 /

いちじくとブラウンシュガーのタルト

プチプチとした食感と濃密な甘みがクセになるドライいちじくには、
こっくりと深みのあるブラウンシュガーを。素朴な表情の向こう側に
かすかな生姜の風味とラム酒の芳醇さが広がる、大人っぽいタルトです。

材料（直径18cmのタルト型１台分）

タルト生地

A薄力粉…80g
アーモンドパウダー…25g
ブラウンシュガー…30g
塩…ひとつまみ

Bオイル…40g
水…５g

アーモンドクリーム

Cアーモンドパウダー…65g
ブラウンシュガー（下記参照）…40g
バター…45g
卵…１個
生姜のすりおろし…10g

ドライいちじく…80g
ラム酒…15g

下準備

- 卵は室温に戻す。
- バターを電子レンジか湯煎にかけて溶かす。
- ドライいちじくは食べやすい大きさに切って
  ラム酒と合わせ、
  電子レンジで１分ほど加熱する。

- 型に剥離油を吹きつけるか、
  バターを塗る（ともに分量外）。
- オーブンを180℃に温める。

作り方

1 タルト台を作る。ポリ袋にAを入れ、袋の口をねじってしっかりと閉じ、よく振り混ぜる。Bを加え、再び袋の口をねじってしっかりと閉じ、ひとまとまりになるまで振り混ぜる（時々外側から生地を握りながら振り混ぜる）。

2 袋のまま上から手で押して直径14～16cmに広げ、袋から出して型に入れる。手指で全体に押し広げ、型の底と側面に沿うように指で押してきっちりと敷き詰める（底面はスプーンの背でならすとよい）。底面にフォークで空気穴をあけ、180℃のオーブンで14分ほど焼く。生地の膨らみはスプーンの背でそっと押さえる。

3 アーモンドクリームを作る。２で使用したポリ袋にCを入れ、袋の口をねじってしっかりと閉じ、なめらかになるように揉み混ぜる（時々両手ですり合わせるようにしながら揉み混ぜる）。

4 袋の隅をハサミで切って２のタルト台に絞り入れ、スプーンの背で表面をならす。ドライいちじくを少し埋めるようにして散らし、180℃のオーブンで25分ほど焼く。

ブラウンシュガーは精製度の低い茶色
の砂糖で、コクがあり風味が豊かです。

＼コーヒー台／

ベトナムコーヒー風タルト

苦みの効いた濃厚なコーヒーにコンデンスミルクを加えて飲む
ベトナムコーヒーをイメージ。アーモンドクリームは濃いめのコーヒー味に調え、
コンデンスミルクで甘くしたクリームをのせました。

材料（直径18cmのタルト型1台分）

タルト生地

A薄力粉…80g
アーモンドパウダー…25g
グラニュー糖…30g
塩…ひとつまみ
インスタントコーヒー…2g

Bオイル…40g
水…5g

コーヒーアーモンドクリーム

Cアーモンドパウダー…60g
インスタントコーヒー…4g
グラニュー糖…40g
バター…45g
卵…1個

コンデンスミルククリーム

生クリーム…100g
コンデンスミルク(加糖)…15〜20g

仕上げ用のインスタントコーヒー…適量

下準備

・卵は室温に戻す。
・バターを電子レンジか湯煎にかけて溶かす。
・型に剥離油を吹きつけるか、
　バターを塗る(ともに分量外)。
・オーブンを180℃に温める。

作り方

1 タルト台を作る。ポリ袋にAを入れ、袋の口をねじってしっかりと閉じ、よく振り混ぜる。Bを加え、再び袋の口をねじってしっかりと閉じ、ひとまとまりになるまで振り混ぜる（時々外側から生地を握りながら振り混ぜる）。

2 袋のまま上から手で押して直径14〜16cmに広げ、袋から出して型に入れる。手指で全体に押し広げ、型の底と側面に沿うように指で押してきっちりと敷き詰める（底面はスプーンの背でならすとよい）。底面にフォークで空気穴をあけ、180℃のオーブンで14分ほど焼く。生地の膨らみはスプーンの背でそっと押さえる。

3 コーヒーアーモンドクリームを作る。2で使用したポリ袋にCを入れ、袋の口をねじってしっかりと閉じ、なめらかになるように揉み混ぜる（時々両手ですり合わせるようにしながら揉み混ぜる）。

4 袋の隅をハサミで切って2のタルト台に絞り入れ、スプーンの背で表面をならす。180℃のオーブンで20分ほど焼く。

5 コンデンスミルククリームを作る。生クリームとコンデンスミルクをボウルに入れ、ハンドミキサーで8分立て程度に泡立てる。冷めたタルトに丸くのせ、真ん中にインスタントコーヒーをふって仕上げる。

PROCESS

5-1

5-2

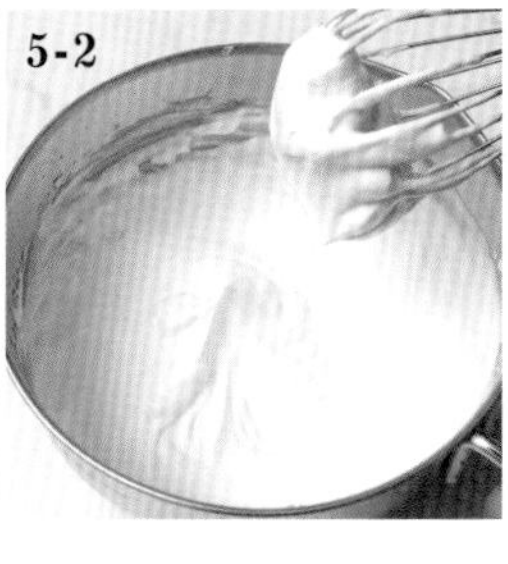

アプリコットの ヨーグルトクリームタルト

＼プレーン台／

缶詰のアプリコットを半割のまま一面に並べ、ミルキーで軽やかな
ヨーグルトクリームを流して焼き固めます。オーブンから出して粗熱が取れたら
冷蔵庫でしっかりと冷やし、台のサクッと感が残るその日のうちに召し上がれ。

材料（直径18cmのタルト型1台分）

タルト生地

A薄力粉…80g
　アーモンドパウダー…25g
　グラニュー糖…30g
　塩…ひとつまみ

Bオイル…40g
　水…5g

ヨーグルトクリーム

溶き卵…40g
グラニュー糖…20g
ヨーグルト…35g
生クリーム…50g

溶き卵…適量
アプリコット（缶詰）…10～12切れ
仕上げ用の粉砂糖、刻んだピスタチオナッツ
　…各適量

下準備

・溶き卵は室温に戻す。
・型に剥離油を吹きつけるか、
　バターを塗る（ともに分量外）。
・オーブンを180℃に温める。
・アプリコットはキッチンペーパーに取り、
　汁気を切る。

作り方

1 タルト台を作る。ポリ袋にAを入れ、袋の口をねじってしっかりと閉じ、よく振り混ぜる。Bを加え、再び袋の口をねじってしっかりと閉じ、ひとまとまりになるまで振り混ぜる（時々外側から生地を握りながら振り混ぜる）。

2 袋のまま上から手で押して直径14～16cmに広げ、袋から出して型に入れる。手指で全体に押し広げ、型の底と側面に沿うように指で押してきっちりと敷き詰める（底面はスプーンの背でならすとよい）。底面にフォークで空気穴をあけ、180℃のオーブンで14分ほど焼く。生地の膨らみはスプーンの背でそっと押さえる。

3 熱いうちに、2のタルト台の内側に溶き卵を刷毛で塗り、再びオーブンに1～3分入れて余熱で乾かす。

4 ヨーグルトクリームを作る。ボウルに材料を表記の順に加え、その都度よく混ぜる。

5 3の台にアプリコットを並べ、4を流し入れ、170℃のオーブンで25分ほど焼く。冷めたら粉砂糖をふり、ピスタチオナッツを散らす。

PROCESS

4

5-1

5-2

5-3

＼プレーン台／

栗と黒豆のタルト

お正月に栗の甘露煮と黒豆が残ったら、こんなタルトはいかがですか？
オイルを控えめに配合した卵白で作るアーモンドクリームが、
栗と黒豆をしっとり繋いでくれます。日本茶にも、日本酒にも合います。

材料（直径18cmのタルト型１台分）

タルト台

A薄力粉…80g
アーモンドパウダー…25g
グラニュー糖…30g
塩…ひとつまみ

Bオイル…40g
水…５g

アーモンドクリーム

Cグラニュー糖…50g
アーモンドパウダー…30g
オイル…20g
卵白…１個分
ラム酒…大さじ1/2

栗の甘露煮…50g
くるみ（ロースト）…25g
黒豆（甘煮）…50g

下準備

- 卵白は室温に戻す。
- 栗の甘露煮、黒豆は、キッチンペーパーに取り、汁気を切る。
- 型に剥離油を吹きつけるか、バターを塗る（ともに分量外）。
- オーブンを180℃に温める。

作り方

1 タルト台を作る。ポリ袋にAを入れ、袋の口をねじってしっかりと閉じ、よく振り混ぜる。Bを加え、再び袋の口をねじってしっかりと閉じ、ひとまとまりになるまで振り混ぜる（時々外側から生地を握りながら振り混ぜる）。

2 袋のまま上から手で押して直径14〜16cmに広げ、袋から出して型に入れる。手指で全体に押し広げ、型の底と側面に沿うように指で押してきっちりと敷き詰める（底面はスプーンの背でならすとよい）。底面にフォークで空気穴をあけ、180℃のオーブンで14分ほど焼く。生地の膨らみはスプーンの背でそっと押さえる。

3 アーモンドクリームを作る。２で使用したポリ袋にCを入れ、袋の口をねじってしっかりと閉じ、なめらかになるように揉み混ぜる（時々両手ですり合わせるようにしながら揉み混ぜる）。

4 袋の隅をハサミで切って２のタルト台に絞り入れて平らにする。栗の甘露煮は手で崩し、くるみは手で割り、黒豆とともに散らす。180℃のオーブンで25分ほど焼く。

POINT 栗の甘露煮は手で崩す

栗の甘露煮は、キッチンペーパーに取って汁気を切っておく。

４でタルト型にアーモンドクリームを入れたら、手で写真くらいの大きさに崩しながら散らす。

＼ココア台／

ジンジャーショコラレアタルト

サクッとほろっと焼いたココアのタルト台に、フレッシュな
生姜のすりおろしを加えたショコラクリームを流し、冷やし固めました。
生姜の分量はお好みで加減を。生姜を省けばプレーンなショコラタルトになります。

材料（21×16.5×深さ３cmのバット１台分）

タルト台

A薄力粉…55g
　ココアパウダー（無糖）…10g
　アーモンドパウダー…15g
　グラニュー糖…20g
　塩…ひとつまみ
オイル…25g

ジンジャーショコラクリーム

製菓用チョコレート（ビター）…100g
生クリーム…100g
バター…25g
ブランデー…小さじ１
生姜のすりおろし…10～15g

下準備

・製菓用チョコレート
　（板状の場合は細かく刻む）は、
　バターとともにボウルに入れておく。
・バットにオーブンシートを敷く。
・オーブンを180℃に温める。

作り方

1 タルト台を作る。ポリ袋にAを入れ（ココアパウダーにダマがある場合は、茶こしを通す）、袋の口をねじってしっかりと閉じよく振り混ぜる。オイルを加え、再び袋の口をねじってしっかりと閉じ、ひとまとまりになるまで振り混ぜる（時々外側から生地を握りながら振り混ぜる）。

2 １をバットに入れ、手指で全体に押し広げ、平らに敷き詰める。フォークで全体に空気穴をあけ、180℃のオーブンで16～18分焼く。

3 ジンジャーショコラクリームを作る。生クリームを電子レンジで軽く沸騰させ、チョコレートとバターの入ったボウルに一度に加える。泡立て器で静かに混ぜながらなめらかに溶かし、ブランデーと生姜を加えて全体に混ぜる。

4 冷めた２のタルト台に３を流し入れ、バットを静かにゆすって平らにし、冷蔵庫で半日以上冷やし固める。

PROCESS

\プレーン台/

抹茶とチーズクリームのフローズンタルト

抹茶チーズクリームのコクのある甘さの正体はホワイトチョコレート。
冷凍庫から出して、チーズクリームの固さが少し緩んだ頃がおいしいタイミング。
また、室温に戻っても溶けないため、ゆっくり食べられるところも嬉しいお菓子です。

材料（21×16.5×深さ3㎝のバット1台分）

タルト台

A 薄力粉…60g
　アーモンドパウダー…20g
　グラニュー糖…20g
　塩…ひとつまみ
オイル…25g

抹茶チーズクリーム

クリームチーズ…70g
製菓用ホワイトチョコレート…55g
抹茶パウダー…3g
生クリーム…120g

下準備

・クリームチーズは電子レンジにかけるか室温に置いてやわらかくする。
・製菓用ホワイトチョコレートが板状の場合は細かく刻む。
・バットにオーブンシートを敷く。
・オーブンを180℃に温める。

作り方

1 タルト台を作る。ポリ袋にAを入れ、袋の口をねじってしっかりと閉じよく振り混ぜる。オイルを加え、再び袋の口をねじってしっかりと閉じ、ひとまとまりになるまで振り混ぜる（時々外側から生地を握りながら振り混ぜる）。

2 1をバットに入れ、手指で全体に押し広げ、平らに敷き詰める。フォークで全体に空気穴を多めにあけ、180℃のオーブンで16〜18分焼く。

3 抹茶チーズクリームを作る。ボウルにクリームチーズを入れて泡立て器でやわらかく練る。電子レンジか湯煎で溶かしたホワイトチョコレート、抹茶パウダー（ダマがある場合は、茶こしを通す）、生クリームを順に少しずつ加え、その都度よく混ぜる。すべて入ったら6〜7分立て程度にとろりと泡立てる。

4 冷めた2の台に3を流し入れ、スプーンの背などで平らにし、冷凍庫で2時間以上冷やし固める。

PROCESS

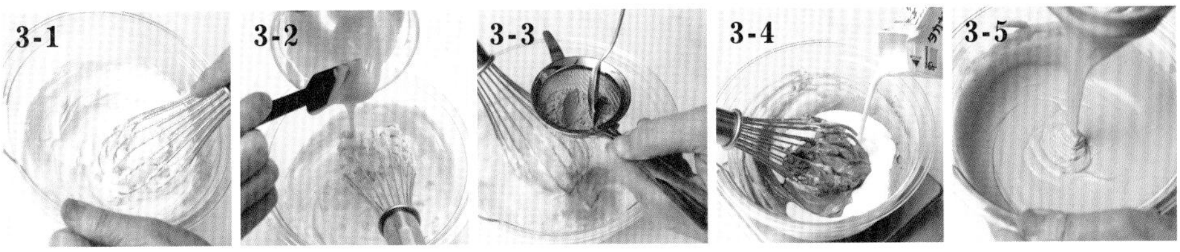

プレーン台

ピスタチオとアーモンドのフローズンタルト

濃厚な白いクリームの中には、ナッツとドライフルーツがザクザク入って、
まるで宝石を散りばめたかのよう。スパイスがお好きな方は、
シナモンやカルダモンパウダーなどをナッツ類とともにひと振り加えても。

材料（21×16.5×深さ3㎝のバット1台分）

タルト台

A 薄力粉…60g
- アーモンドパウダー…20g
- グラニュー糖…20g
- 塩…ひとつまみ

オイル…25g

フローズンクリーム

マスカルポーネチーズ…100g
グラニュー糖…35g
生クリーム…120g
ブランデー…小さじ1

B ピスタチオナッツ（ロースト）…15g
- スライスアーモンド（ロースト）…40g
- ミックスドライフルーツ（下記参照）…40g

下準備

・ピスタチオナッツは細かく刻む。
・バットにオーブンシートを敷く。
・オーブンを180℃に温める。

作り方

1　タルト台を作る。ポリ袋にAを入れ、袋の口をねじってしっかりと閉じよく振り混ぜる。オイルを加え、再び袋の口をねじってしっかりと閉じ、ひとまとまりになるまで振り混ぜる（時々外側から生地を握りながら振り混ぜる）。

2　1をバットに入れ、手指で押して平らに敷き詰め、フォークで全体に空気穴をあける。180℃のオーブンで16〜18分焼く。

3　フローズンクリームを作る。ボウルにマスカルポーネチーズを入れてゴムベラでやわらかく練り、グラニュー糖、生クリームを少しずつ加える。ブランデーも加え、その都度よく混ぜる。Bを加え、ゴムベラでさっくりと全体を混ぜる。

4　冷めた2のタルト台に3を流し入れてゴムベラでならし、冷凍庫で2時間以上冷やし固める。

ミックスドライフルーツは、クランベリー、パイン、マンゴー、レーズンなど数種のドライフルーツが入った市販品です。好みのドライフルーツを小さく切って、オリジナルを作っても可。

PROCESS

Part2 Pie《パイ》

サクサク食感が魅力のパイ。大好きだけれど、
作るには時間も手間もかかるからと敬遠している方も
多いのではないでしょうか。しかし、もう大丈夫。
ポリ袋と溶かしバター、もしくはオイルを使えば、
時間も手間もかけず誰にでもおいしく作ることができます。
また、便利な冷凍パイシートを使ったハイブリッドな
お菓子レシピも必見。パイのあるおやつ時間をぜひ手作りで。

さくらいちごのパイ

サクサク薄いパイ生地に、
桜餡と小さないちごをたっぷりと。
意外な組み合わせとよく言われますが、
これがとてもおいしくて。
春になると必ず食べたくなる
真っ赤なパイなのです。
小粒のいちごがない時は、
１粒を２～４等分してください。
桜餡の代わりに白餡やこし餡でも
おいしく作れます。

さくらいちごのパイ

材料

（直径18㎝のタルト型１台分）

パイ生地

A強力粉…70g
薄力粉…30g
グラニュー糖…５g
塩…ふたつまみ
バター…50g
冷水…10g

Bいちご（小粒のもの）
…１パック（250gほど）
グラニュー糖…25g
コーンスターチ…大さじ１
レモン果汁…小さじ１

桜餡…150g

下準備

・バターは電子レンジか湯煎にかけて溶かし、人肌程度に冷ます。
・Bをボウルに入れてざっと混ぜる（大きめのいちごはタテ半分に切る）。

・型に剥離油を吹きつけるか、バターを塗る（ともに分量外）。
・オーブンを190℃に温める。

1 パイ生地を作る

ポリ袋にAを量り入れて、袋の口をねじっとしっかりと閉じ、よく振り混ぜる。

溶かしバターを加え、再び袋の口をねじってしっかりと閉じ、振り混ぜる。

ポロポロの状態になったら冷水を量り入れ、袋の口をねじってしっかりと閉じ、さらに振り混ぜる。

時々、袋についた生地を外側から軽く握りながら振り混ぜて、生地をまとめる。

2 型にパイ生地を敷く

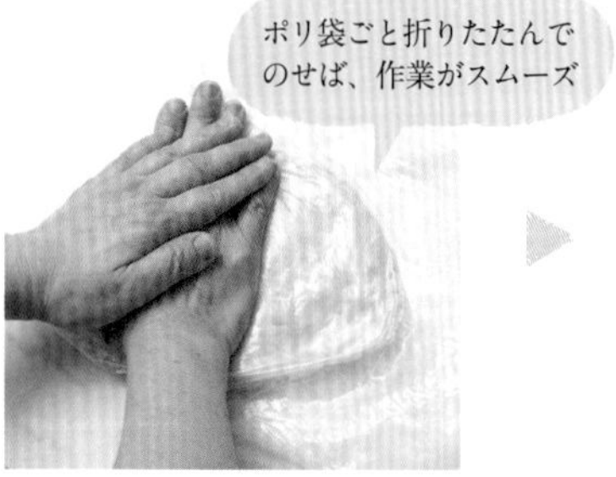

袋をシート状にハサミで切り開き、生地を二つ折りにしてのすことを２回ほど繰り返す。

ポリ袋のシートで生地をはさみ、シートの上からめん棒で、生地を型よりひとまわりほど大きくのばす。

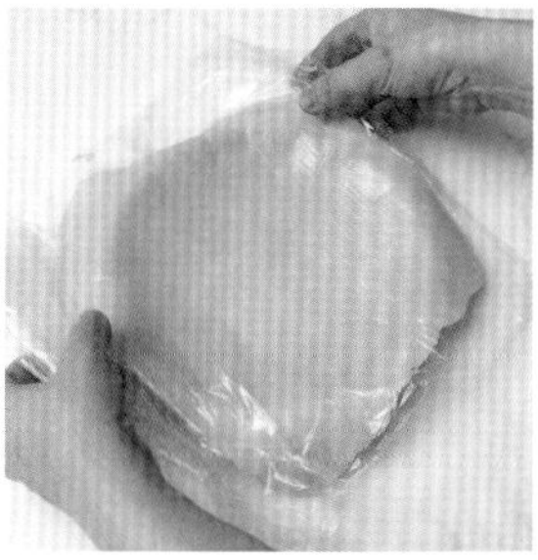

シートを開き、生地側を下にしてポリ袋ごと型にのせる。

内側にぴったり沿わせる。

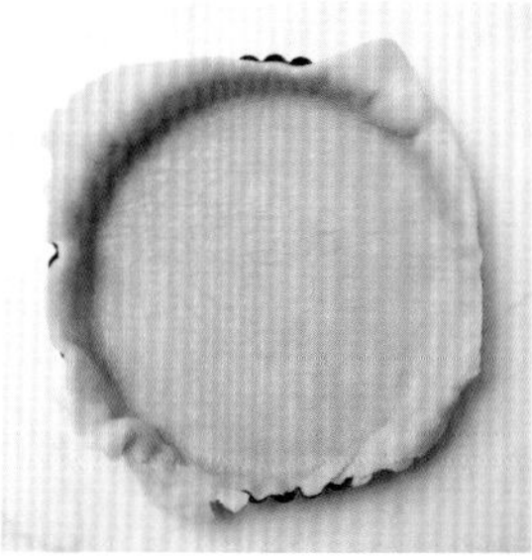

ポリ袋をはがし、縁の余分は内側に折り込む。

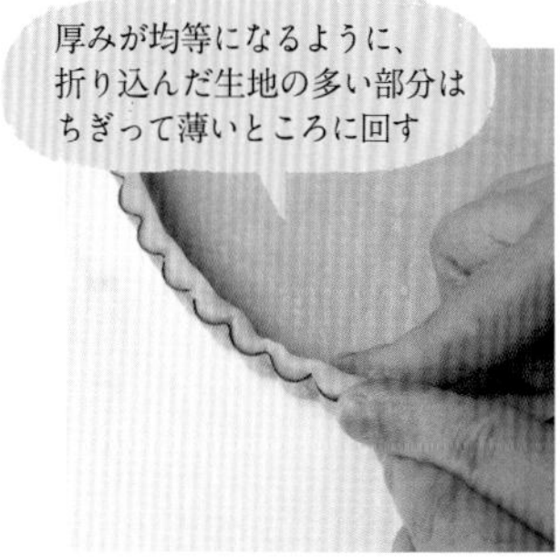

指で押しながら、側面にきっちりと生地を敷き込む。

底面全体にフォークで穴を均等に多めにあける。

190℃のオーブンで18分ほど焼く。多少縮んでも気にしなくて大丈夫。

3 桜餡を塗り、いちごをのせて焼く

桜餡を底面に塗り広げる。

いちごを一面にのせる。

180℃のオーブンで25分ほど焼く。

4 型からはずす

タルト型の底面内側の円周よりも小さく、少し高さのある器などを用意する。

タルト型の下中心に器を置いて、外枠をはずす。

タルト型の底とパイの間にケーキサーバー、パレットナイフ、ナイフなどを入れて、パイを型からはずす。

プルーンのフランパイ

食物繊維、ビタミンやミネラルなど、様々な栄養素を含んだミラクルフルーツとも呼ばれるプルーンを、カスタード味のフランソースで閉じ込めました。
こんなおやつパイなら、罪悪感なしに楽しめそうですね。

材料（直径18cmのタルト型1台分）

パイ生地

A強力粉…70g
　薄力粉…30g
　グラニュー糖…5g
　塩…ふたつまみ
バター…50g
冷水…10g

フランソース

卵…1個
グラニュー糖…25g
牛乳…50g
生クリーム…60g

ドライプルーン…15粒ほど

溶き卵…適量

下準備

・バターは電子レンジか湯煎にかけて溶かす。
・卵は室温に戻す。
・型に剥離油を吹きつけるか、
　バターを塗る（ともに分量外）。
・オーブンを190℃に温める。

作り方

1 パイ生地を作る。ポリ袋にAを入れ、袋の口をねじってしっかりと閉じ、よく振り混ぜる。溶かしバターを加えて振り混ぜ、ぽろぽろの状態になったら、冷水を加えてさらに振り混ぜ、ひとまとまりにする。

2 袋をシート状にハサミで切り開いて生地を押し広げ、二つ折りにしてのす。これをもう一度繰り返して生地を整え、シートではさんでめん棒で型より大きく丸くのばす。

3 シートを開き2をシートごと持ち上げ、ひっくり返して型にのせ、型の内側に生地を沿わせる。シートをはがし、型からはみ出た部分の生地を内側に折り込み、指で押しながら底と側面にきっちりと敷き込む。底面全体にフォークで空気穴をあけ、190℃のオーブンで18分ほど焼く。

4 オーブンから出してすぐ、内側に溶き卵を刷毛で薄く塗り、再びオーブンに1～3分入れて余熱で乾かす。

5 フランソースを作る。ボウルに卵を入れて泡立て器でほぐし、グラニュー糖を加えてよく混ぜる。牛乳と生クリームを合わせて電子レンジか小鍋で沸騰直前まで温める。これをボウルに少しずつ加えてその都度よく混ぜる。

6 4のパイ生地にプルーンを並べて5を静かに注ぎ（茶こしなどでこしながら入れると、よりなめらかな仕上がりになる）、170℃のオーブンで25分ほど焼く。

PROCESS

5-1
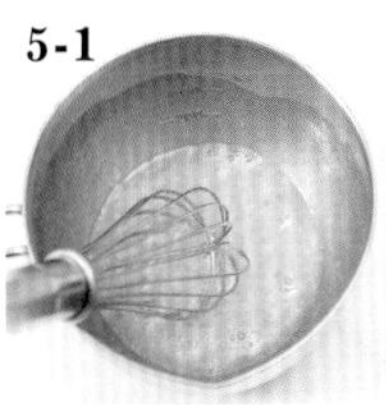

5-2
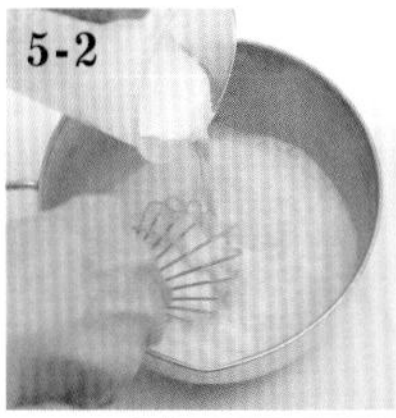

6-1

6-2

6-3

はちみつプリンパイ

こんがりと焼けた焦げ色も魅力的な薄く焼いたはちみつ入りのプリン生地は、
大きなエッグタルトのよう。冷蔵庫でキリっと冷やして食べるのが気に入っています。
プリン生地で余った卵白は、台の底に塗って水分防止に使ってもよいです。

材料（直径18cmのタルト型１台分）

パイ生地

A強力粉…70g
　薄力粉…30g
　グラニュー糖…５g
　塩…ふたつまみ
バター…50g
冷水…10g

プリン生地

卵黄…２個分
グラニュー糖…10g
はちみつ…20g
牛乳…80g
生クリーム…80g

溶き卵（卵白でも可）…適量

下準備

・バターは電子レンジか湯煎にかけて溶かす。
・型に剥離油を吹きつけるか、
　バターを塗る（ともに分量外）。
・オーブンを190℃に温める。

作り方

1 パイ生地を作る。ポリ袋にAを入れ、袋の口をねじってしっかりと閉じ、よく振り混ぜる。溶かしバターを加えて振り混ぜ、ぽろぽろの状態になったら、冷水を加えてさらに振り混ぜ、ひとまとまりにする。

2 袋をシート状にハサミで切り開いて生地を押し広げ、二つ折りにしてのす。これをもう一度繰り返して生地を整え、シートではさんでめん棒で型より大きく丸くのばす。

3 シートを開き２をシートごと持ち上げ、ひっくり返して型にのせ、型の内側に生地を沿わせる。シートをはがし、型からはみ出た部分の生地を内側に折り込み、指で押しながら側面にきっちりと敷き込む。底面全体にフォークで空気穴をあけ、190℃のオーブンで18分ほど焼く。

4 オーブンから出してすぐ、内側に溶き卵を刷毛で薄く塗り、再びオーブンに１～３分入れて余熱で乾かす。

5 プリン生地を作る。ボウルに卵黄を入れて泡立て器でほぐし、グラニュー糖とはちみつを加えてよく混ぜる。牛乳と生クリームを合わせて電子レンジか小鍋で沸騰直前まで温める。これをボウルに少しずつ加え、その都度よく混ぜる。

6 ４のパイ生地に５を静かに注ぎ（茶こしなどでこしながら入れると、よりなめらかな仕上がりになる）、170℃のオーブンで20分ほど焼く。

PROCESS

5-1

5-2

5-3

ライムパイ

パイ生地にさわやかな酸味あふれるライムソースを流して焼き固め、
生クリームとライムをラフに飾りました。ライムはあればキーライムがおすすめ。
小ぶりながら苦みが少なく、果汁もたっぷり搾れます。

材料（直径18㎝のタルト型１台分）

パイ生地

A強力粉…70g
　薄力粉…30g
　グラニュー糖…５g
　塩…ふたつまみ
バター…50g
冷水…10g

ライムソース

B卵黄…１個
　コンデンスミルク…90g
　ライム果汁…50g
　生クリーム…20g

溶き卵…適量

トッピング

生クリーム…100g
グラニュー糖…大さじ1/2
ライムの薄切り（半月）…適量

下準備

・バターは電子レンジか湯煎にかけて溶かす。
・型に剥離油を吹きつけるか、
　バターを塗る（ともに分量外）。
・オーブンを190℃に温める。

PROCESS

作り方

1 パイ生地を作る。ポリ袋にAを入れ、袋の口をねじってしっかりと閉じ、よく振り混ぜる。溶かしバターを加えて振り混ぜ、ぽろぽろの状態になったら、冷水を加えてさらに振り混ぜ、ひとまとまりにする。

2 袋をシート状に切り開いて生地を押し広げ、二つ折りにしてのす。これをもう一度繰り返して生地を整え、シートではさんでめん棒で型より大きく丸くのばす。

3 シートを開き2をシートごと持ち上げ、ひっくり返して型にのせ、型の内側に生地を沿わせる。シートをはがし、型からはみ出た部分の生地を内側に折り込み、指で押しながら底と側面にきっちりと敷き込む。底面全体にフォークで空気穴をあけ、190℃のオーブンで18分ほど焼く。

4 オーブンから出してすぐ、内側に溶き卵を刷毛で薄く塗り、再びオーブンに１～３分入れて余熱で乾かす。

5 ライムソースを作る。ボウルにBを入れ、泡立て器でなめらかに混ぜる。これを4のパイ生地に静かに注ぎ（茶こしなどでこしながら入れると、よりなめらかな仕上がりになる）、180℃のオーブンで８～10分焼く。

6 トッピングを作る。別のボウルに生クリームとグラニュー糖を入れて八～九分立てに泡立てる。冷めた5のふちの内側にぽとんぽとんとスプーンで落とし、ライムの薄切りを飾って仕上げる。

タルトタタン

りんごの上にパイ生地をかぶせて焼き、ひっくり返して完成となる
フランスの伝統的なお菓子。丸いタタンが多い中、ホーローバットで四角く焼くと
新鮮に映ります。切り分けたら、お好みで無糖で泡立てた生クリームを添えても美味です。

材料（21×16.5×深さ３㎝のバット１台分）

パイ生地

A強力粉…50g
　薄力粉…25g
　グラニュー糖…５g
　塩…ふたつまみ
バター…40g
冷水…10g

りんごのキャラメル煮

Bりんご…３～４個（正味750gほど）
　バター…30g
　レモン果汁…小さじ１
グラニュー糖…80g
水…小さじ２

下準備

・りんごは芯と皮を除き、１～1.5㎝幅の半月に切る。
・バットにオーブンシートを敷く。
　＊オーブンシートに切り込みは入れない。
　（→P.７参照）

作り方

1 りんごのキャラメル煮を作る。フライパンにグラニュー糖と水を入れて中火にかける。グラニュー糖が溶けて褐色に色づいてきたら、時々フライパンをゆすって濃い茶色に焦がす。Bを表記の順に入れ、時々混ぜながらりんごがやわらかくなり水分がほとんどなくなるまで煮て、そのまま粗熱を取る。

2 オーブンを180℃に温める。バットに１を隙間なく並べ、フライパンに残ったキャラメルもきれいにこそげて入れる。アルミホイルを被せて180℃のオーブンで45分→アルミホイルをはずして５分ほど焼く。オーブンから出しそのまま冷ましておく。

3 パイ生地を作る。まずバターを電子レンジか湯煎にかけて溶かす。次にポリ袋にAを入れ、袋の口をねじってしっかりと閉じ、よく振り混ぜる。溶かしバターを加えて振り混ぜ、ぽろぽろの状態になったら、冷水を加えてさらに振り混ぜ、ひとまとまりにする。袋をハサミでシート状に切り開いて生地を押し広げ、二つ折りにしてのす。これをもう一度繰り返して生地を整え、シートではさんでめん棒でバットの大きさに四角くのばす。

4 ３を２にのせて密着させ、生地のふちを整える。竹串でところどころに空気穴をあけ、190℃のオーブンで30分ほど、生地に香ばしい焼き色がつくまで焼く。型に入れたまま冷ます。

5 ４に皿などを被せてひっくり返し、バットをはずしてからオーブンシートをそっとはずす。

POINT りんごをキャラメルで煮る

大きめのフライパン、または鍋を使用するとよい。グラニュー糖が溶けて褐色になってくるのを待つ。

時々フライパンをゆすりながら茶色く焦がし、Bを入れる。

耐熱のヘラで時々混ぜながら、水分がほとんどなくなるまで煮る。

りんごの粗熱が取れたらバットにできるだけ隙間なく詰め、フライパンに残っているキャラメルもこそげ取って入れる。

アルミホイルをかぶせて45分、はずして５分ほど180℃のオーブンで焼く。

POINT パイ生地をかぶせて焼く

パイ生地を作ったらバット上部と同じくらいの大きさに四角くのばす。

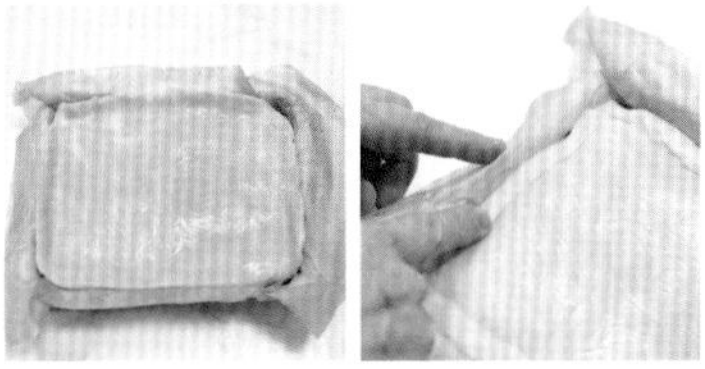

焼いたりんごの上にのせる。生地が少し余ったぶんは折り返して指で押さえ整える。

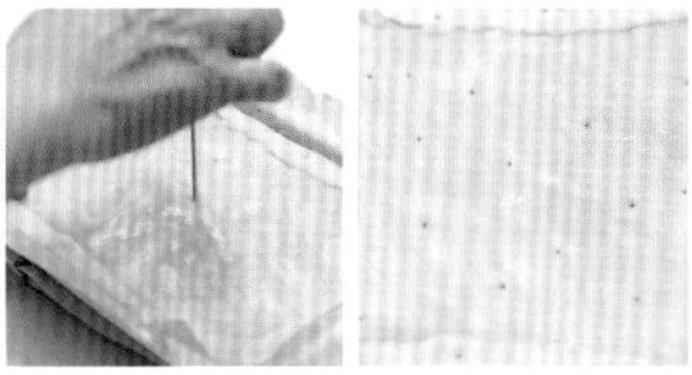

竹串でところどころに空気穴をあけてから焼く。

月餅風餡の包みパイ

月餅風のおいしいこし餡を、さっくり軽い口当たりのパイで包みました。
成形したら直径９㎝の抜き型で丸く抜きますが、同等サイズのお菓子の空き缶や、
深さのある器などで代用したり、フリーハンドでカットしてもよいでしょう。

材料（直径約10㎝のもの２個分）

パイ生地

Ａ強力粉…60g
　薄力粉…60g
　ベーキングパウダー…小さじ1/2
　きび砂糖…10g
　塩…ふたつまみ
オイル…40g
冷水…15g

月餅風餡

Ｂこし餡…60g
　くるみ（ロースト）…15g
　炒り胡麻…５g
　ラムレーズン…20g
　オレンジピール…15g

溶き卵…適量

下準備

・くるみは細かく砕く。
・オレンジピールは大きければ刻む。
・溶き卵はできれば茶こしなどでこしておく。
・オーブンを190℃に温める。
・天板にオーブンシートを敷く。

作り方

1 月餅風餡を作る。ボウルにＢを入れ、ゴムベラで混ぜる。

2 パイ生地を作る。ポリ袋にＡを入れ、袋の口をねじってしっかりと閉じ、よく振り混ぜる。オイルを加えて軽く振り混ぜ、冷水を加えてさらに振り混ぜる。ひとまとまりになったら、袋をシート状に切り開き、二つ折りにしてのすことを２回ほど繰り返して生地を整える。

3 ２〜３㎜の厚さにのばし、ａ10㎝角を２枚、ｂ８×６㎝角を８枚作る。

4 ａ１枚の真ん中に１の半量を丸く置き、溶き卵をその周囲に刷毛で塗る。ｂを１枚ずつ端を重ねながら、４枚のせて、周囲を指で押して密着させ、抜き型などで直径９㎝に丸く抜く。同様にこれをもうひとつ作る。

5 天板にのせて表面に溶き卵を刷毛で塗り、190℃のオーブンで25分ほど焼く。

PROCESS

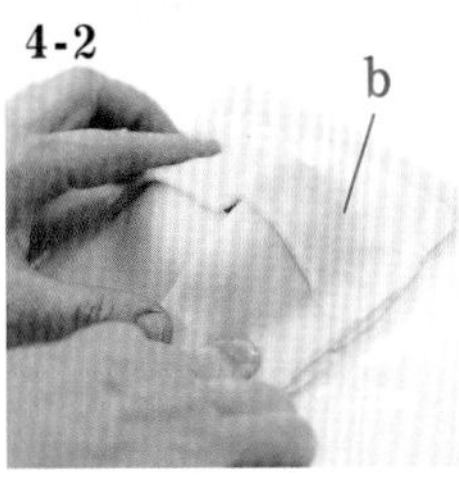

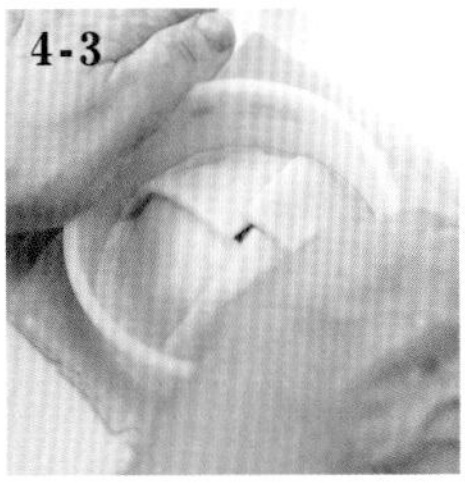

キャラメルマンゴーの包みパイ

キャラメル風味にとろっと煮たマンゴーをくるりと巻いて、包み込みました。
キャラメルマンゴーから出る汁気は、ちぎって置いたスポンジケーキが
受け止めるので、パイの底までしっかりと火が通ります。

材料（約８×22cmのもの１台分）

パイ生地

A強力粉…60g
　薄力粉…60g
　ベーキングパウダー…小さじ1/2
　きび砂糖…10g
　塩…ふたつまみ

オイル…40g
冷水…15g

キャラメルマンゴー

グラニュー糖…25g
水…小さじ１
マンゴー（缶詰）…230g（正味）
レモン果汁…小さじ1/2

スポンジケーキの余りなど（→P.9「具の水分対策をする」参照）、溶き卵、
スライスアーモンド、グラニュー糖
　…各適量

下準備

- マンゴーはキッチンペーパーに取って汁気を切り、ひと口大程度に切る。
- 溶き卵はできれば茶こしなどでこしておく。
- オーブンシートを天板に敷く。

作り方

1 キャラメルマンゴーを作る。鍋にグラニュー糖と水を入れて中火にかける。グラニュー糖が溶けて褐色に色づいてきたら、時々鍋をゆすって焦げ茶色に焦がす。マンゴー、レモン果汁を順に入れ、時々混ぜながら水分がほとんどなくなるまで煮絡めてそのまま冷ます（→P.55「りんごをキャラメルで煮る」参照）。

2 オーブンを190℃に温める。パイ生地を作る。ポリ袋にAを入れ、袋の口をねじってしっかりと閉じ、よく振り混ぜる。オイルを加えて軽く振り混ぜ、冷水を加えてさらに振り混ぜる。ひとまとまりになったら、袋をハサミでシート状に切り開き、二つ折りにしてのすことを２回ほど繰り返して生地を整え、めん棒で約20×25cmの長方形にのばす。

3 ２のパイ生地に１、ちぎったスポンジケーキを順にのせ、生地の周囲に刷毛で溶き卵を塗る。手前の生地をシートごと持ち上げてマンゴーに被せ、シートをはがす。奥側の生地も同様にしてマンゴーに包み被せてシートをはがし、生地の重なった部分を指で押さえて閉じる。両端部分も内側に折り、指で押さえて閉じる。

4 とじ目側を下にして天板にのせ、形を整える。溶き卵を刷毛で塗り、竹ぐしなどでところどころ空気穴をあける。スライスアーモンドを散らし、グラニュー糖をふって、190℃のオーブンで25分ほど焼く。

PROCESS

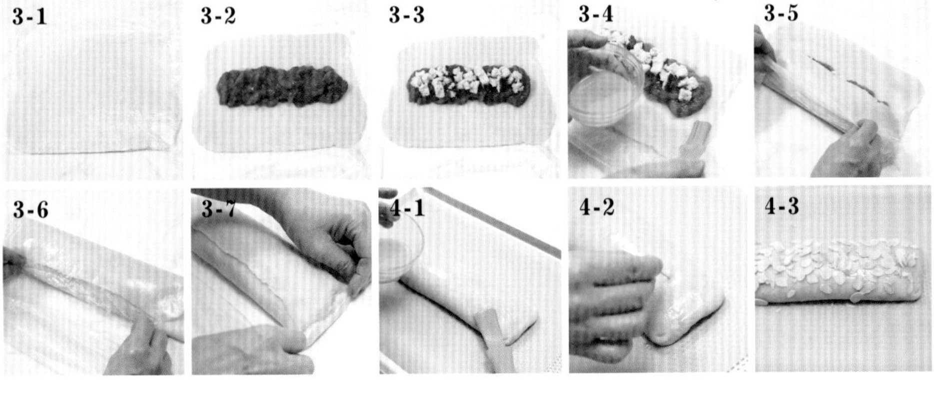

アメリカンチェリーのパイ

帯状に切った生地を編むように飾るのはちょっぴり手間ですが、
キュートに焼き上がったパイを見ると、がんばってよかった！　ときっと思えるはず。
生のアメリカンチェリーを使った贅沢なチェリーパイ、旬の時期にぜひ挑戦を。

材料（直径約17cmのもの１台分）

パイ生地

A強力粉…90g
　薄力粉…90g
　グラニュー糖…15g
　ベーキングパウダー…小さじ1/2
　塩…ふたつまみ
オイル…60g
冷水…25g

Bアメリカンチェリー…400g（正味）
　グラニュー糖…40g
　レモン果汁…小さじ１
バター…20g

市販のクッキーなど
（→P.9「具の水分対策をする」参照）
溶き卵…各適量

下準備

・アメリカンチェリーは枝と種を除く。
・溶き卵はできれば茶こしなどでこしておく。

POINT　アメリカンチェリーの種を取る

専用の種抜き器を使うと便利。ない場合は種のまわりにぐるりとナイフを入れ、種を取り出す。

作り方

1　アメリカンチェリーを煮る。鍋にBを入れてさっと混ぜ、バターも加える。中火にかけ、時々混ぜながら実がゴロッと残るくらいのジャム状に煮てそのまま冷ます。オーブンを190℃に温める。

2　パイ生地を作る。ポリ袋にAを入れ、袋の口をねじってしっかりと閉じ、よく振り混ぜる。オイルを加えて軽く振り混ぜ、冷水を加えてさらに振り混ぜる。ひとまとまりになったら、袋をハサミでシート状に切り開き、二つ折りにしてのすことを２回ほど繰り返して生地を整える。２等分し、ひとつはオーブンシートにのせ、直径約22cmの円形にのばす。もうひとつは袋のシートの上で同様にのばし、約３cm幅の帯状のものを６本作る。

3　オーブンシートにのせた生地の周囲を３～４cm残した内側に、小さく砕いたクッキー、１を順にのせ、帯状に切った生地をバスケット状に編むようにしてのせる。帯状の生地の端を指で押して密着させ、周囲の生地を内側に巻き込んで形を整える。

4　オーブンシートごと天板にのせ、表面に溶き卵を刷毛で塗る。190℃のオーブンで25分ほど焼く。

PROCESS

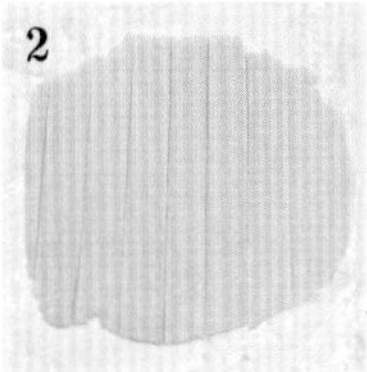

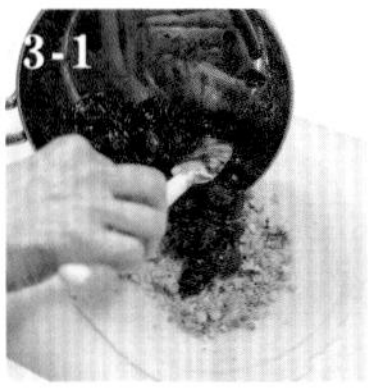

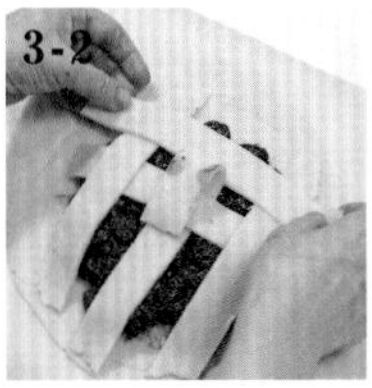

ルゲラー

ルゲラーは、クリームチーズ入りのコクのある生地で様々なフィリングを巻いて作る、ユダヤ発祥のお菓子。ここではシンプルなオイル生地にし、クリームチーズを具として一緒に直接巻き込み、ごく簡単に作ります。

材料（約16個分）

パイ生地

A強力粉…60g
　薄力粉…60g
　ベーキングパウダー…小さじ1/2
　きび砂糖…15g
　塩…ふたつまみ
オイル…40g
牛乳…25g

クリームチーズ…40g
ラズベリージャム、チョコチップ、
　グラニュー糖…各適量

下準備

・オーブンを190℃に温める。
・オーブンシートを天板に敷く。

作り方

1 ポリ袋にAを入れ、袋の口をねじってしっかりと閉じ、よく振り混ぜる。オイルを加えて軽く振り混ぜ、ポロポロになったら牛乳を加えて振り混ぜる。ひとまとまりになったら、袋をハサミでシート状に切り開き、二つ折りにしてのすことを2回ほど繰り返して生地を整える。

2 めん棒で厚さ2～3㎜、幅9㎝の帯状にのばし、底辺6㎝の二等辺三角形になるようナイフで切る。底辺側にクリームチーズをのせる。好みでラズベリージャム、またはチョコチップをのせ、グラニュー糖をふる。ひとつずつくるくるとクロワッサンのように巻く。

3 巻き終わり部分を下にして天板に並べ、190℃のオーブンで18分ほど焼く。

PROCESS

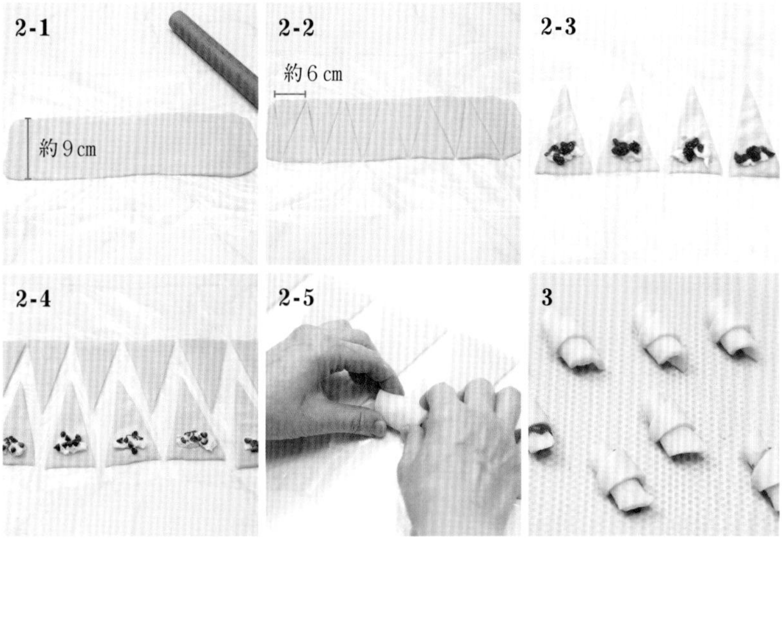

シナモンシュガーのぺたんこロールパイ

ロール状にくるくる巻いたパイ生地を切り分けたら、めん棒で薄くのばし、
香ばしくパリッと焼き上げます。この軽やかな歯ごたえはこの薄さならではのもの。
生地につけるグラニュー糖は、多めが断然おいしいです。

材料（約20枚分）

パイ生地

A強力粉…70g
　薄力粉…30g
　グラニュー糖…5g
　塩…ふたつまみ
バター…50g
冷水…15g

Bシナモンパウダー…好みの量
　グラニュー糖…大さじ1

生地につけるグラニュー糖…適量

下準備

・バターは電子レンジか湯煎にかけて溶かす。
・オーブンを190℃に温める。
・天板にオーブンシートを敷く。

作り方

1 パイ生地を作る。ポリ袋にAを入れ、袋の口をねじってしっかりと閉じ、よく振り混ぜる。溶かしバターを加えて振り混ぜ、ぽろぽろの状態になったら冷水を加えてさらに振り混ぜ、ひとまとまりにする。

2 袋をハサミでシート状に切り開いて生地を押し広げ、二つ折りにしてのす。これをもう一度繰り返して生地を整え、めん棒で約20×22㎝の長方形にのばす。

3 表面にBをふり、手で軽くなじませ、短辺を手前にして棒状にくるくると巻く。巻き終わりを指でとじて形を整え、ポリ袋でキャンディ包みにし、両端をねじって生地を引き締める。ポリ袋をはずし、約1㎝の厚さに切り分ける。ひとつずつ両面にグラニュー糖をまぶし、めん棒で薄くのばす。

4 天板に並べ、グラニュー糖をふり、190℃のオーブンで、15分ほど焼く。

PROCESS

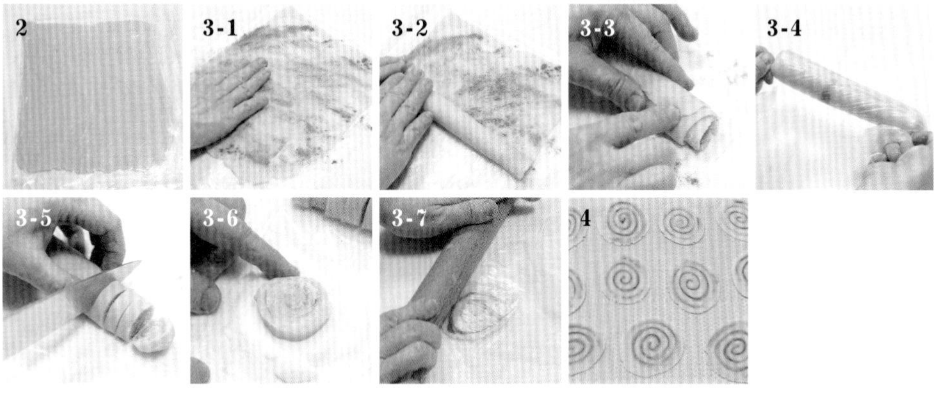

ピーナッツバターとココアのぺたんこロールパイ

ピーナッツバターの甘さとココアのほろ苦さは相性がばつぐん。冷たいピーナッツバターは、室温にしばらく置くか電子レンジを少しかけると、塗りやすくなります。

材料（約20枚分）

パイ生地

A 強力粉…70g
　薄力粉…30g
　グラニュー糖…5g
　塩…ふたつまみ
バター…50g
冷水…15g

ピーナッツバター…40g
ココアパウダー（無糖）…小さじ1/2

生地につけるグラニュー糖…適量

下準備

・バターは電子レンジか湯煎にかけて溶かす。
・オーブンを190℃に温める。
・天板にオーブンシートを敷く。

作り方

1 パイ生地を作る。ポリ袋にAを入れ、袋の口をねじってしっかりと閉じ、よく振り混ぜる。溶かしバターを加えて振り混ぜ、ぽろぽろの状態になったら冷水を加えてさらに振り混ぜ、ひとまとまりにする。

2 袋をハサミでシート状に切り開いて生地を押し広げ、二つ折りにしてのす。これをもう一度繰り返して生地を整え、めん棒で約20×22cmの長方形にのばす。

3 表面にピーナッツバターを塗り広げ、ココアパウダーをふって、短辺を手前にし、棒状にくるくると巻く。巻き終わりを指でとじて形を整え、ポリ袋でキャンディ包みにし、両端をねじって生地を引き締める。ポリ袋をはずし、約1cm厚さに切り分ける。ひとつずつ両面にグラニュー糖をまぶし、めん棒で薄くのばす。

4 天板に並べ、グラニュー糖をふり、190℃のオーブンで15分ほど焼く。

ココナッツときび砂糖のぺたんこロールパイ

ココナッツときび砂糖でアジアンスイーツ風の味わい。渦巻き模様の巻き加減やのばし加減で作るたびに違った表情と出合えるのも、ぺたんこロールパイの面白いところですね。

材料（約20枚分）

パイ生地

A 強力粉…60g
　薄力粉…30g
　ココナッツファイン…20g
　きび砂糖…５g
　塩…ふたつまみ
バター…50g
冷水…15g

きび砂糖…大さじ１
生地につけるグラニュー糖…適量

下準備

・バターは電子レンジか湯煎にかけて溶かす。
・オーブンを190℃に温める。
・天板にオーブンシートを敷く。

作り方

1 パイ生地を作る。ポリ袋にAを入れ、袋の口をねじってしっかりと閉じ、よく振り混ぜる。溶かしバターを加えて振り混ぜ、ぽろぽろの状態になったら冷水を加えてさらに振り混ぜ、ひとまとまりにする。

2 袋をハサミでシート状に切り開いて生地を押し広げ、二つ折りにしてのす。これをもう一度繰り返して生地を整え、めん棒で約20×22cmの長方形にのばす。

3 表面にきび砂糖をふり、手で軽くなじませ、短辺を手前にして棒状にくるくると巻く。巻き終わりを指でとじて形を整え、ポリ袋でキャンディ包みにし、両端をねじって生地を引き締める。ポリ袋をはずし、約１cm厚さに切り分ける。ひとつずつ両面にグラニュー糖をまぶし、めん棒で薄くのばす。

4 天板に並べ、グラニュー糖をふり、190℃のオーブンで15分ほど焼く。

＼冷凍パイシート／

パイスコーン

オイルで作るスコーン生地をパイシートで挟んで焼いた欲張りなおやつ。上にのせるパイシートは空気穴をあけずに焼くと写真のようにプクッとなり、空気穴をあけて焼くとおとなしめに膨らみます。そのままでも、好きなものをサンドしても◎。

材料（8個分）

スコーン生地

A薄力粉…180g
　グラニュー糖…30g
　ベーキングパウダー…大さじ1/2
　塩…ふたつまみ
Bオイル…60g
　牛乳…60g
冷凍パイシート1枚
　＊ここでは約20cm角のものを使用

サンド用

泡立てた生クリーム、キウイ、あんこなど、
　…各適宜

下準備

・オーブンを190℃に温める。
・天板にオーブンシートを敷く。
・冷凍パイシートは使用する少し前に解凍する。

作り方

1 スコーン生地を作る。ポリ袋にAを入れ、袋の口をねじってしっかりと閉じ、よく振り混ぜる。Bをよく混ぜて加え、袋の口をねじってしっかりと閉じ、ひとまとまりになるまで振り混ぜる。袋をハサミでシート状に切り開いて生地を押し広げ、二つ折りにしてのすことを3〜4回繰り返し、約10×20cmの長方形にまとめる。

2 冷凍パイシートを2等分する。1枚のパイシート全面にフォークで穴をあけ、牛乳（分量外）を刷毛で塗り、1を置く。1の上面に牛乳（分量外）を刷毛で塗り、もう1枚のパイシートをのせる。めん棒を押し転がして密着させ、包丁で8等分する。

3 天板に間隔をあけて並べ、190℃のオーブンで18分ほど焼く。

4 3が冷めたら横半分に切り、生クリームと食べやすく切ったキウイ、生クリームとあんこなどを好みで挟む。

PROCESS

2-1

2-2

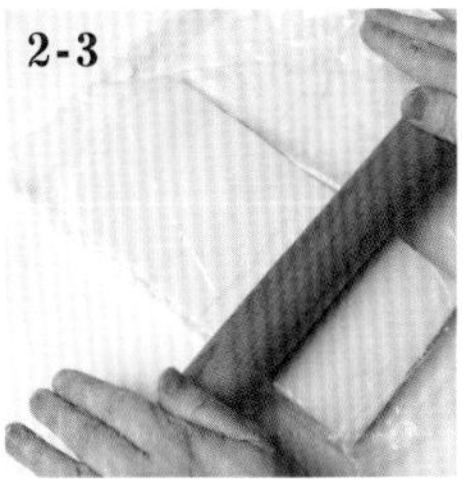
2-3

2-4

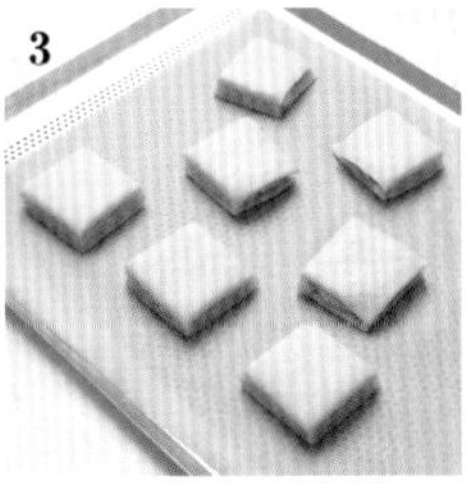
3

冷凍パイシート

うぐいす豆のボールパイ

パイシートをマフィン型に敷き込みアーモンドクリームを流して焼くと、ころんとかわいいボール型のパイになります。バリエーションも自由自在、うぐいす豆の代わりに栗やあんこ、缶詰の果物など、お好きなものを入れて焼いてみてください。

材料（直径7cmのマフィン型6個分）

アーモンドクリーム

A アーモンドパウダー…60g
　グラニュー糖…45g
　オイル…40g
　卵…1個

うぐいす豆…80〜90g
冷凍パイシート約11cm角に切ったもの
…6枚

下準備

・卵は室温に戻す。
・マフィン型に剝離油を吹きつけるか、バターを塗る（ともに分量外）。
・オーブンを180℃に温める。
・冷凍パイシートは使用する少し前に解凍する。

作り方

1 アーモンドクリームを作る。ポリ袋にAを入れ、袋の口をねじってしっかりと閉じ、なめらかになるように揉み混ぜる（時々両手ですり合わせるようにしながら揉み混ぜる）。

2 冷凍パイシートをマフィン型に敷き込み、竹串などで底面にところどころ空気穴をあける。

3 1を等分に絞り入れ、うぐいす豆を等分に入れる。上部をパイシートでラフに包むように軽く閉じる。

4 180℃のオーブンで24分ほど焼く。

PROCESS

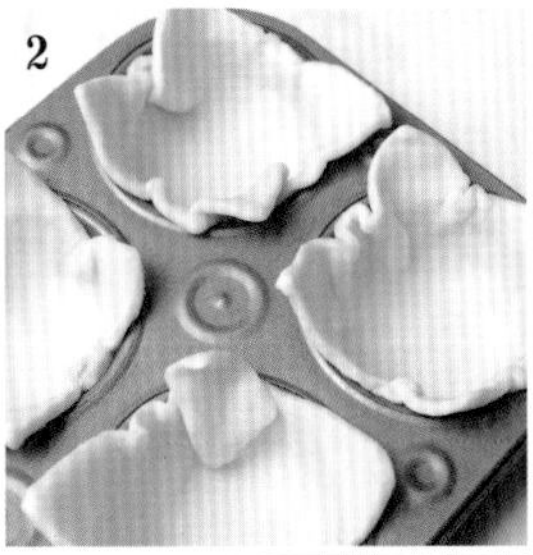
2

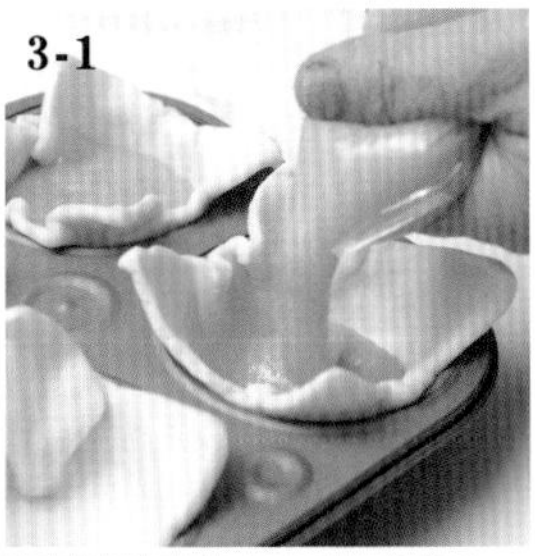
3-1

3-2

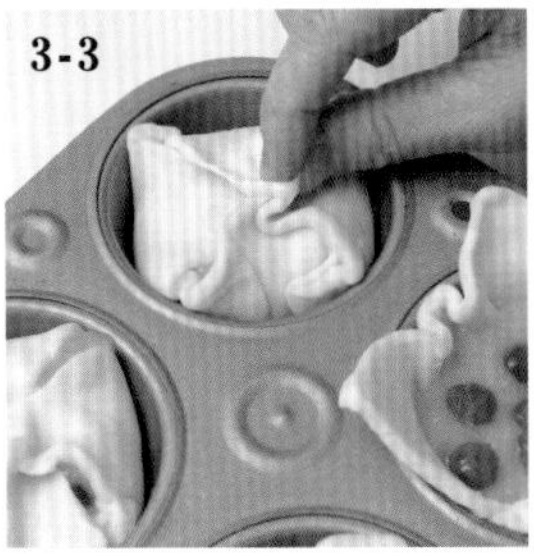
3-3

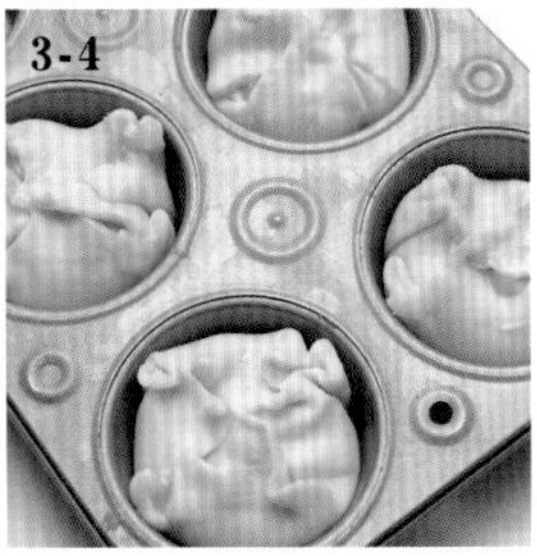
3-4

\ 冷凍パイシート /

アップルパイマフィン

前ページのボールパイと同様、パイシートをマフィン型に敷き込みマフィン生地を流して焼けば、パイとマフィンを同時に味わえる贅沢なおやつの完成です。
りんごの甘煮も電子レンジで簡単に作れます。

材料（直径7㎝のマフィン型6個分）

マフィン生地
A薄力粉…110g
　ベーキングパウダー…小さじ1
　グラニュー糖…65g
　塩…ひとつまみ

B卵…1個
　オイル…60g
　ヨーグルト…50g
　牛乳…40g

りんごの甘煮
りんご…1個(200g)
グラニュー糖…25g
レモン果汁…少々

冷凍パイシート約11cm角に切ったもの
　…6枚

アイシング
粉砂糖…30g
ラム酒…大さじ1/2

下準備

・卵は室温に戻す。
・マフィン型に剝離油を吹きつけるか、
　バターを塗る（ともに分量外）。
・冷凍パイシートは使用する少し前に解凍する。

作り方

1 りんごの甘煮を作る。りんごは皮と芯と種を除き、小さな乱切りにして、電子レンジ対応のボウルに入れる。グラニュー糖とレモン果汁を加えてさっと混ぜ、ラップをかけずに7分ほど加熱し（様子を見ながら時々中を混ぜる）、そのまま冷ます。

2 マフィン生地を作る。オーブンを180℃に温める。ポリ袋にAを入れ、袋の口をねじってしっかりと閉じ、よく振り混ぜる。Bを合わせ、フォークでよく混ぜて加える。袋の口をねじってしっかりと閉じ、振り混ぜてなじませた後、なめらかになるように揉み混ぜる。

3 冷凍パイシートをマフィン型に敷き込み、竹串などで底面にところどころ空気穴をあける。

4 2を等分に絞り入れ、1を等分に埋めたりのせたりして、180℃のオーブンで25分ほど焼く。

5 粉砂糖とラム酒をよく混ぜてとろりとしたアイシングを作り、冷めた4にかけて仕上げる。

PROCESS

2-1
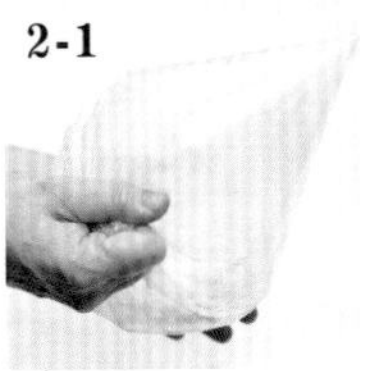

2-2

2-3
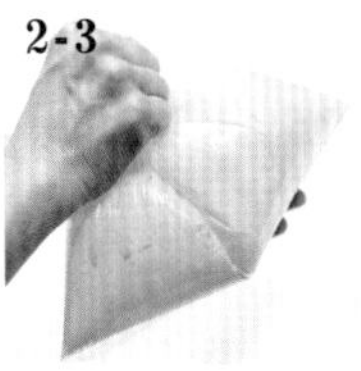

2-4
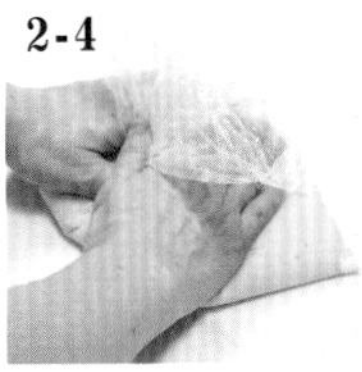

2-5
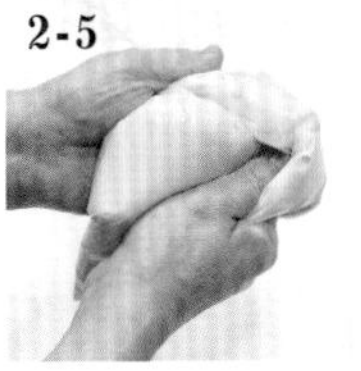

＼冷凍パイシート／

チョコバナナのパイマフィン

パイシートにココア風味のバナナマフィン生地を入れて焼き、チョコレートをかけました。
温かいうちにほおばれば、生地の中の板チョコレートが口の中でとろけます。

材料（直径７㎝のマフィン型６個分）

マフィン生地

A薄力粉…95g
　ココアパウダー(無糖)…15g
　ベーキングパウダー…小さじ１
　グラニュー糖…65g
　塩…ひとつまみ

B卵…１個
　オイル…60g
　ヨーグルト…20g

バナナ…100g(１本)
板チョコレート…50g(１枚)

冷凍パイシート…約11㎝角に切ったもの６枚
コーティング用チョコレート…20g

下準備

・卵は室温に戻す。
・マフィン型に剥離油を吹きつけるか、バターを塗る(ともに分量外)。
・オーブンを180℃に温める。
・コーティング用チョコレートは小さく刻んでおく。
・冷凍パイシートは使用する少し前に解凍する。

作り方

1　マフィン生地を作る。ポリ袋にAを入れ(ココアパウダーは、ダマがあれば茶こしを通す)、袋の口をねじってしっかりと閉じ、よく振り混ぜる。Bを合わせ、フォークでよく混ぜて加える。袋の口をねじってしっかりと閉じ、振り混ぜてなじませた後、バナナをちぎって加え、なめらかになるように揉み混ぜる。

2　冷凍パイシートをマフィン型に敷き込み、竹串などで底面にところどころ空気穴をあける。

3　1を等分に絞り入れ、板チョコレートを手で割って埋め、180℃のオーブンで25分ほど焼く。

4　コーティング用チョコレートを電子レンジ、または湯せんで溶かし、冷めた3にかけて仕上げる。

\ 冷凍パイシート /

みかんのパイマフィン

みかんの果汁がマフィン生地に染みて、翌日もしっとりジューシー。オーブンでリベイクすればパイ生地のさっくり感が戻ります。オレンジや甘夏、グレープフルーツなどでもどうぞ。

材料（直径７cmのマフィン型６個分）

マフィン生地

A薄力粉…110g
　ベーキングパウダー…小さじ１
　グラニュー糖…65g
　塩…ひとつまみ

B卵…１個
　オイル…60g
　ヨーグルト…80g

冷凍パイシート…約11cm角に切ったもの６枚
みかん（缶詰）…180gほど（正味）
スライスアーモンド…適量
仕上げ用の粉砂糖…適量

下準備

・卵は室温に戻す。
・みかんは汁気を切り、キッチンペーパーに取る。
・マフィン型に剥離油を吹きつけるか、バターを塗る（ともに分量外）。
・オーブンを180℃に温める。
・冷凍パイシートは使用する少し前に解凍する。

作り方

1 マフィン生地を作る。ポリ袋にAを入れ、袋の口をねじってしっかりと閉じ、よく振り混ぜる。Bを合わせ、フォークでよく混ぜて加える。袋の口をねじってしっかりと閉じ、振り混ぜてなじませた後、なめらかになるように揉み混ぜる。

2 冷凍パイシートをマフィン型に敷き込み、竹串などで底面にところどころ空気穴をあける。

3 １を等分に絞り入れ、みかんを等分に入れる。スライスアーモンドを散らすし、180℃のオーブンで25分ほど焼く。

4 冷めたら、粉砂糖をふって仕上げる。

\ 冷凍パイシート /

ガレット・デ・ロワ

ハードルの高そうなガレット・デ・ロワもパイシートとポリ袋があればとても気軽。
アーモンドクリームのバターは完全に溶かさずに使い、ふわっと高さを出しました。
フェーブの代わりにアーモンドをひと粒。表面に描く模様はお好みのデザインで。

材料（直径約18cmのもの１台）

アーモンドクリーム

Aアーモンドパウダ…ー60g

グラニュー糖…45g

バター…40g

ラム酒…小さじ１

レモンの皮のすりおろし…1/2個分

溶き卵…45g

冷凍パイシート…２枚

＊ここでは約20cm角のものを使用

アーモンド（ロースト）…１粒

卵液

卵黄…１個分

水…小さじ1/2

粉砂糖…適量

下準備

・溶き卵は室温に戻す。

・バターは室温に戻すか電子レンジにかけてやわらかくする（溶かさない）。

・卵黄は水と合わせて溶いておく。

・冷凍パイシートは使用する少し前に解凍する。

作り方

1 アーモンドクリームを作る。ポリ袋にAを入れ、袋の口をねじってしっかりと閉じ、よくもみ混ぜる。よくなじんだら、溶き卵を加え、袋の口をねじってしっかりと閉じ、なめらかに揉み混ぜる（時々両手をすり合わせるようにしながら揉み混ぜる）。冷蔵庫に入れておく。

2 冷凍パイシートをそれぞれ直径18cmと直径19cmの円に切る。18cmのものをオーブンシートにのせ、のり代として周囲を３cmほど残し、内側に１を袋の隅を切って絞り出す。スプーンの背などで軽くならし、アーモンドを埋め、のり代部分に刷毛で卵液を塗る。19cmのパイシートを被せ、アーモンドクリームの周囲を指先で押して密着させる。パイシートのふちを指先で押してさらに密着させながら、そのすぐ脇にナイフの背で軽く切り込みを入れ、ぐるりと１周する。

3 オーブンシートごと天板にのせ、卵液を表面に塗り、表面にナイフの背の先で浅く模様を入れる。竹串でパイの中央とところどころに空気穴をあけ、190℃のオーブンで40分ほど焼く。

＊途中、焼き色がついてきたら180℃に下げる。

4 茶こしなどで粉砂糖をふる。210℃のオーブンに３〜５分入れて、濃いめの焼き色をつける。

POINT アーモンドクリームをはさみ、模様をつける

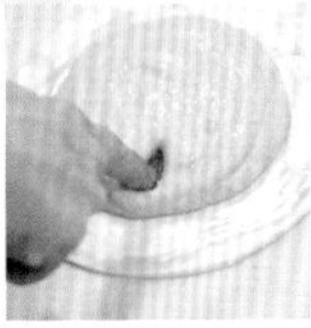

フェーブの代わりにアーモンドをひと粒埋める。

のり代部分に卵液を塗る。

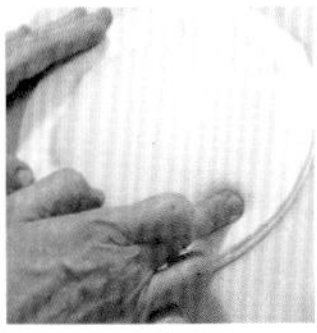

大きいほうのパイ生地をのせ、まわりを指で押し込みパイ生地同士を密着させる。

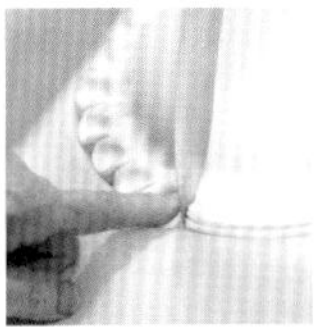

周囲も指で強く押して密着させ、そのすぐ脇にナイフの背を立てて切り込みを入れ、ぐるりと一周する。

卵液を上面全体に刷毛で塗る。

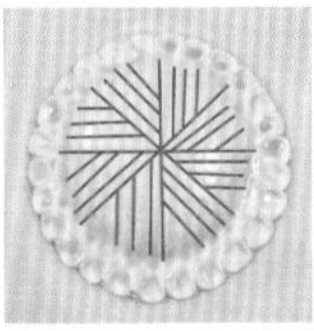

パイの上部を写真のようにナイフの背の刃先で浅く切り込みを入れる。

＊シートの下まで切ってしまわないように注意。

竹串でパイの中央とところどころに空気穴をあける。

＊２でパイシートを切る時は、あれば直径18cmと19cmのセルクルや丸型を。なければ同サイズ程度の鍋のフタやお菓子の空き缶などを当てたり、フリーハンドでカットするとよい。

余り生地で小さなパイ菓子

パイ作りで余った生地を利用して作れるおまけのお菓子。
細い帯状に切った生地をねじってくるりと巻いたお花のようなパイと、
小さく刻んでマフィン型に詰めて焼く成形の手間なしパイをご紹介します。

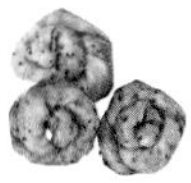

シナモンカフェのねじりうずまきパイ

ねじった生地は巻かずにそのまま焼けば、スティックねじりパイになります。

作り方

生地を厚さ２～３㎜に伸ばし、約1.5㎝幅の帯状に切る。シナモン、インスタントコーヒー、グラニュー糖をふり、手で軽くなじませ、ねじりながら小さな渦巻き状に成形する。巻き終わり部分を指で閉じ、オーブンシートを敷いた天板に並べ、190℃のオーブンでこんがりと焼き色がつくまで焼く。

POINT 余り生地をねじって成型する

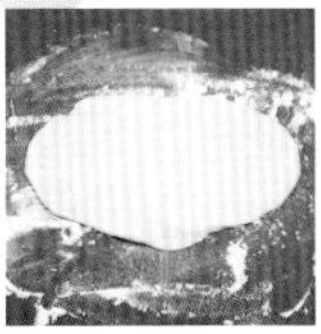

生地を厚さ２～３㎜にのばす。
＊ポリ袋のシートがない時は、台に打ち粉（分量外）をふる。

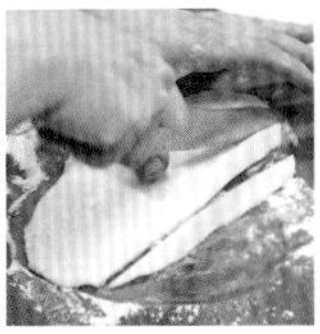

幅1.5㎝にカットする。

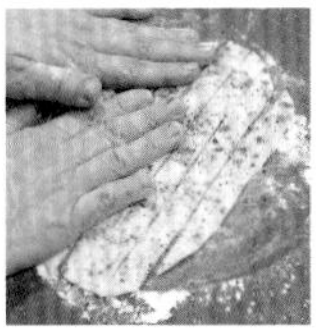

シナモン、インスタントコーヒー、グラニュー糖をふって手で軽く押さえる。

ねじる。

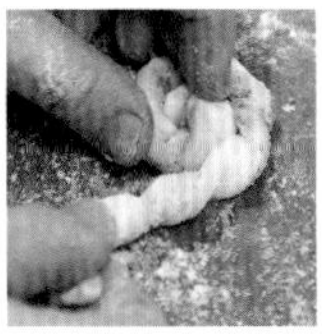

端から巻いていく。

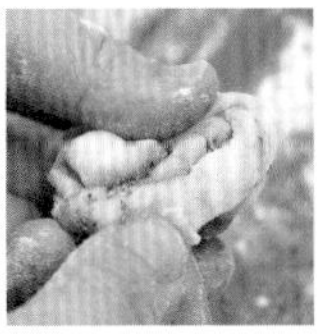

巻き終わりの生地端は指で押してくっつける。

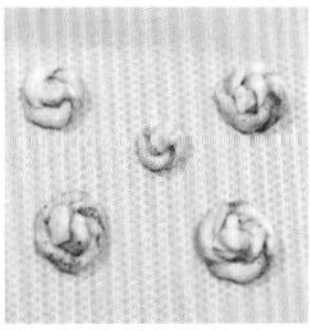

天板に並べて焼く。大きさが不揃いでもＯＫ。焼けたものから取り出す。

ポピーシードのねじりうずまきパイ

ポピーシード（けしの実）は白でも。代わりに胡麻をふっても美味です。

作り方　生地にブルーポピーシードとグラニュー糖をふって、上記と同様に作る。

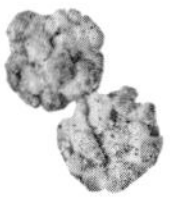

チーズのおつまみガレット

甘さを控えたパイ生地だから、塩気を効かせたこんなお菓子にも難なく使えます。

作り方

マフィン型に剥離油を吹きつけるか、バターを塗る（ともに分量外）。厚さ２～３㎜にのばした生地を１㎝角程度の角切りにし、粉チーズ、黒胡椒をまぶす。マフィン型に薄くつめ、粉チーズを軽くふり、200℃のオーブンで13分ほど焼く。好みで塩と黒胡椒をふって仕上げる。

POINT 余り生地を細かく切ってマフィン型につめる

生地を１㎝角程度に切り、粉チーズ、黒胡椒をまぶす。

マフィン型の底につめ、さらに粉チーズをふる。

オーブンでこうばしく焼く。

Part3 Florentin《フロランタン》

前作『ポリ袋でつくるたかこさんのあたらしい焼き菓子』でも人気の高かったフロランタン。バリエーションをもっと見たい！という嬉しい声にお応えして10のレシピをご紹介します。そのうちの5つはわたしが「生フロランタン」と呼んでいる、二度焼きしない新しいレシピ。冷やして食べるやわらかなフロランタンも、ぜひお試しください。

レモンジンジャーのフロランタン

ほんのひと切れでもコーヒータイムを優雅に楽しめるフロランタン。
トッピングのヌガーにはスライスアーモンドとともに、
レモンピールと生姜のすりおろしを加えました。甘い中にも清涼感のある味わいです。

フロランタンの基本

＼プレーン台／

レモンジンジャーのフロランタン

材料
(21×16.5×深さ３㎝のバット１台分)

台

A薄力粉…75g
グラニュー糖…15g
塩…少々

Bオイル…25g
牛乳…15g

トッピング

Cバター…40g
生クリーム…40g
グラニュー糖…30g
はちみつ…10g

Dレモンピール…35g
スライスアーモンド…50g
生姜のすりおろし…10～15g

下準備
・レモンピールは小さく刻む。
・バットにオーブンシートを敷く。
・オーブンを180℃に温める。

1 台を作る

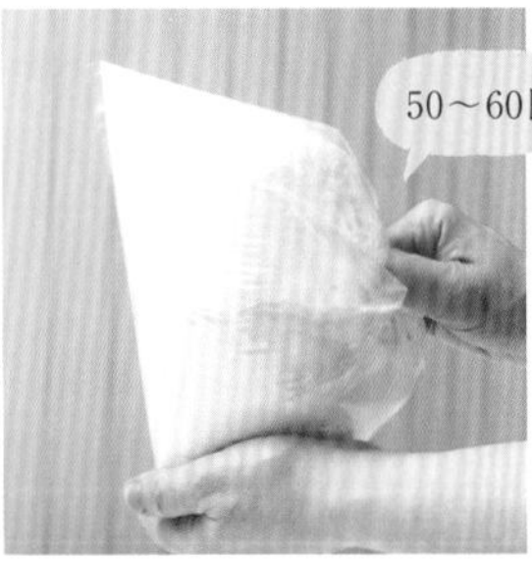

ポリ袋にAを量り入れ、袋の口をねじってしっかり閉じ、よく振り混ぜる。

Bをよく混ぜて加え、袋の口をねじってしっかりと閉じ、ひとまとまりになるまで再び振り混ぜる。

時々袋の内側についた生地を、外側から握りながら振り混ぜる。

ひとまとまりになったら、ハサミでシート状に切り開く。

ポリ袋の上から生地を押し広げ、二つ折りにする。

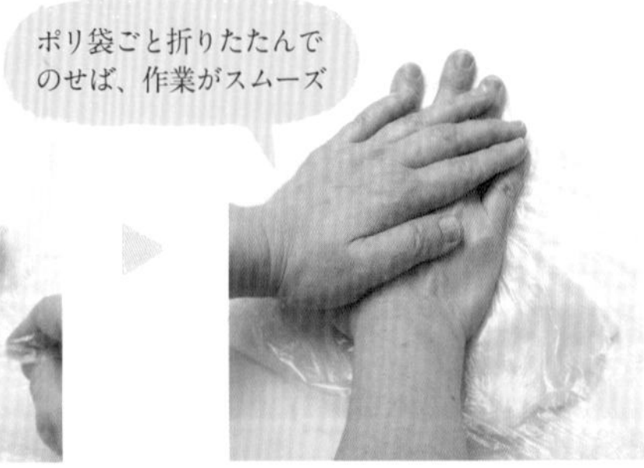

再びポリ袋の上から生地を押し広げ、二つ折りにする。これを３～４回繰り返す。

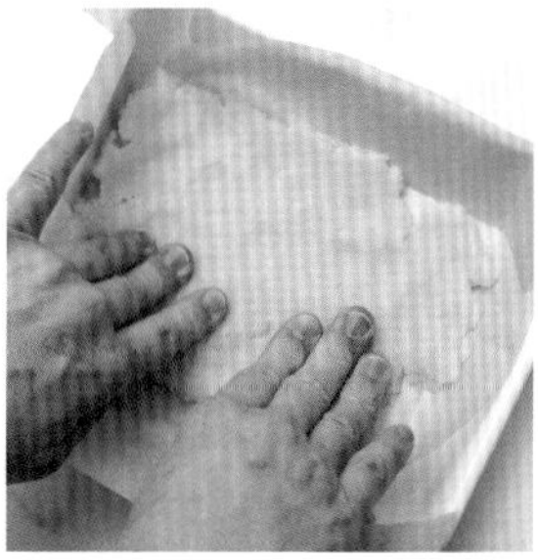

バットに入れ、指で平らに押し広げる。

めん棒でのしてもOK

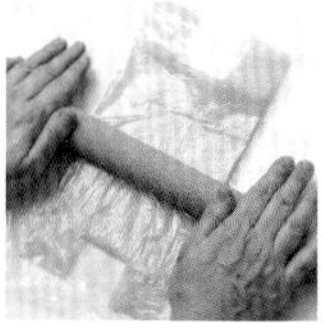

オーブンシートごと出してめん棒でのしてもOK。厚みがそろい、きっちり敷き込める。

フォークの先で空気穴を均等に多めにあけ、180℃のオーブンで13分ほど焼く。

2 トッピングを作る

鍋にCを入れて中火にかける。

時々かき混ぜながら煮詰める。

写真のようなベージュ程度に色づいたら弱火にし、Dを入れる。

手早く全体に混ぜ、火を止める。

熱いうちに、焼いておいた台にのせる。

全体に塗り広げ、オーブンで12分ほど焼く。

3 カットする

焼き上がったフロランタンは、手で触れられる状態になるまで冷ます。

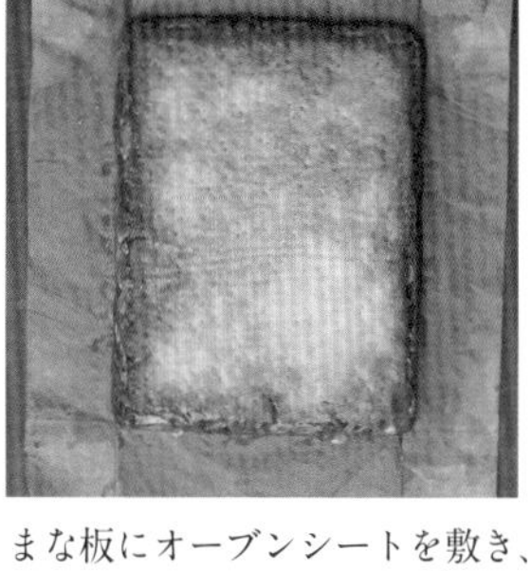

まな板にオーブンシートを敷き、フロランタンをひっくり返してのせる。

よく切れる波型のナイフなどで端を切り落としてから、好みの大きさに切り分ける。

\ココア台/

ヘーゼルナッツショコラのフロランタン

ココア味の台に広げるトッピングにはチョコレートを溶かし込み、チョコレートと相性のよいへーゼルナッツをザクザクと。冬は熱いコーヒー、夏はアイスクリームと一緒に。

材料

(21×16.5×深さ3㎝のバット1台分)

台

A薄力粉…65g
 ココアパウダー(無糖)…10g
 グラニュー糖…20g
 塩…少々
Bオイル…25g
 牛乳…15g

トッピング

Cバター…20g
 生クリーム…40g
 グラニュー糖…30g
 はちみつ…10g
 製菓用チョコレート…20g
Dヘーゼルナッツ…40g
 スライスアーモンド…35g

下準備

・製菓用チョコレート、ヘーゼルナッツはそれぞれ細かく刻む。
・バットにオーブンシートを敷く。
・オーブンを180℃に温める。

作り方

1 台を作る。ポリ袋にAを入れ(ココアパウダーはダマがある場合、茶こしを通す)、袋の口をねじってしっかりと閉じ、よく振り混ぜる。Bをフォークでよく混ぜて加え、ひとまとまりになるまで振り混ぜる。袋を切り開き、生地を二つ折りにしてのすことを3~4回繰り返して均一な状態にする。

2 1をバットに入れ、手で押して平らに敷き詰める。フォークで空気穴を多めにあけ、180℃のオーブンで13分ほど焼く。

3 トッピングを作る。鍋にCを入れ、時々混ぜながら中火で煮詰める。濃度がついてとろりと煮詰まってきたら弱火にし、Dを加えて手早く混ぜ、火を止める。

4 3を熱いうちに2の台にのせて全体に塗り広げ、180℃のオーブンで12分ほど焼く。

\クローブ台/

クランベリーとクローブのフロランタン

クランベリーを入れたトッピングの下で、クローブがふわりと香ります。クローブは、丁子《ちょうじ》のつぼみを乾燥させたもの。エキゾチックで刺激的な甘い香りを強く放つスパイスです。

材料
（21×16.5×深さ３㎝のバット１台分）

台

A薄力粉…75g
| グラニュー糖…15g
| クローブパウダー…小さじ1/8
| 塩…少々
Bオイル…25g
| 牛乳…15g

トッピング

Cバター…40g
| 生クリーム…40g
| グラニュー糖…30g
| はちみつ…10g

Dクランベリー…35g
| スライスアーモンド…50g

下準備

・クランベリーは細かく刻む。
・バットにオーブンシートを敷く。
・オーブンを180℃に温める。

作り方

1 台を作る。ポリ袋にAを入れ、袋の口をねじってしっかりと閉じ、よく振り混ぜる。Bをフォークでよく混ぜて加え、ひとまとまりになるまで振り混ぜる。袋を切り開き、生地を二つ折りにしてのすことを３～４回繰り返して均一な状態にする。

2 １をバットに入れ、手で押して平らに敷き詰める。フォークで空気穴を多めにあけ、180℃のオーブンで13分ほど焼く。

3 トッピングを作る。鍋にCを入れ、時々混ぜながら中火で煮詰める。ベージュ程度に色づいたら弱火にし、Dを加えて手早く混ぜ、火を止める。

4 ３を熱いうちに２の台にのせて全体に塗り広げ、180℃のオーブンで12分ほど焼く。

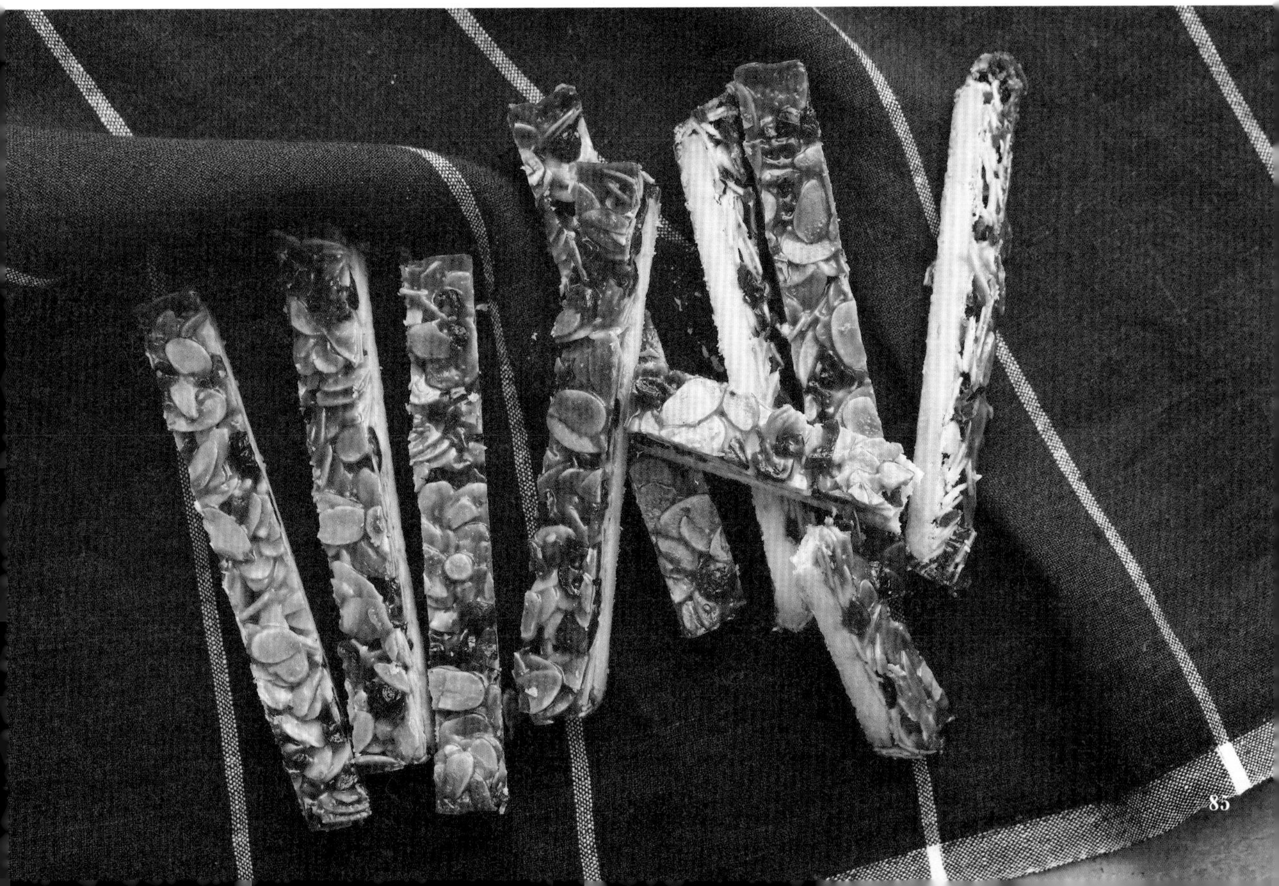

\ 黒糖台 /

蕎麦の実と黒糖のフロランタン

黒糖の心地よい雑味を感じる甘みと香ばしい蕎麦の実を合わせました。
おひとりさまサイズのマフィン型は、かわいく見えて、とても食べごたえのある大きさです。

材料
(直径約7㎝のマフィン型6個分)

台
A薄力粉…60g
　黒糖(粉末)…10g
　塩…少々
Bオイル…20g
　牛乳…10g

トッピング
Cバター…40g
　生クリーム…40g
　黒糖(粉末)…30g
　はちみつ…10g
蕎麦の実…25g
スライスアーモンド…40g

下準備

・約10㎝角のオーブンシートを6枚用意し、それぞれに4本の切り込みを入れる(→P.7「マフィン型に入れるオーブンシートを用意する」参照)。
・オーブンを180℃に温める。

作り方

1 台を作る。ポリ袋にAを入れ、袋の口をねじってしっかりと閉じ、よく振り混ぜる。Bをフォークでよく混ぜて加え、ひとまとまりになるまで振り混ぜる。袋を切り開き、生地を二つ折りにしてのすことを3～4回繰り返して均一な状態にする。

2 1を6等分してそれぞれ丸め、オーブンシートの真ん中に置く。マフィン型の底面の大きさに合わせて手のひらで平らにし、マフィン型に入れる。竹串で空気穴を多めにあけ、180℃のオーブンで13分ほど焼く。

3 トッピングを作る。鍋にCを入れ、時々混ぜながら中火で煮詰める。濃度がついてとろりと煮詰まって来たら弱火にし、蕎麦の実とスライスアーモンドを加えて手早く混ぜ、火を止める。

4 3を熱いうちに2のマフィン型に入れて軽くならし、180℃のオーブンで13分ほど焼く。

\ ほうじ茶台 /

ほうじ茶のフロランタン

台にもトッピングにもほうじ茶をふんだんに使った小さなフロランタン。
ほうじ茶の葉は、細かな状態で入っているティーバッグならそのまま使えて便利です。

材料

(直径約7cmのマフィン型6個分)

台

A薄力粉…60g
　きび砂糖…10g
　ほうじ茶の葉…2g
　塩…少々
Bオイル…20g
　牛乳…10g

トッピング

Cバター…40g
　生クリーム…40g
　グラニュー糖…30g
　はちみつ…10g
　ほうじ茶の葉…4g
スライスアーモンド…50g

下準備

- ほうじ茶の葉は細かく刻む。
- 約10cm角のオーブンシートを6枚用意し、それぞれに4本の切り込みを入れる（→P.7「マフィン型に入れるオーブンシートを用意する」参照）。
- オーブンを180℃に温める。

作り方

1 台を作る。ポリ袋にAを入れ、袋の口をねじってしっかりと閉じ、よく振り混ぜる。Bをフォークでよく混ぜて加え、ひとまとまりになるまで振り混ぜる。袋を切り開き、生地を二つ折りにしてのすことを3～4回繰り返して均一な状態にする。

2 1を6等分してそれぞれ丸め、オーブンシートの真ん中に置く。マフィン型の底面の大きさに合わせて手のひらで平らにし、マフィン型に入れる。竹串で空気穴を多めにあけ、180℃のオーブンで13分ほど焼く。

3 トッピングを作る。鍋にCを入れ、時々混ぜながら中火で煮詰める。濃度がついてとろりと煮詰まってきたら弱火にし、スライスアーモンドを加えて手早く混ぜ、火を止める。

4 3を熱いうちに2のマフィン型に入れて軽くならし、180℃のオーブンで13分ほど焼く。

＼プレーン台／

生フロランタン

トッピングを二度焼きせず、冷蔵庫で冷やし固めて生キャラメル風にしても
おいしいのでは？　と思って作ってみたところ、好評だったレシピ。
最後のカットは通常のフロランタン同様、冷やし固めた後にひっくり返してから。

材料（21×16.5×深さ3cmのバット1台分）

台

A薄力粉…75g
　グラニュー糖…15g
　塩…少々

Bオイル…25g
　牛乳…15g

トッピング

C生クリーム…90g
　グラニュー糖…35g
　はちみつ…10g
　バター…10g
スライスアーモンド（ロースト）…50g

下準備

・バットにオーブンシートを敷く。
・オーブンを180℃に温める。

作り方

1 台を作る。ポリ袋にAを入れ、袋の口をねじってしっかりと閉じ、よく振り混ぜる。Bをよく混ぜて加え、ひとまとまりになるまで振り混ぜる。袋を切り開き、生地を二つ折りにしてのすことを3～4回繰り返して均一な状態にする。

2 1をバットに入れ、手で押して平らに敷き詰める。フォークで空気穴を多めにあけ、180℃のオーブンで16～18分焼く。

3 トッピングを作る。鍋にCを入れ、時々混ぜながら中火で煮詰める。とろりと濃度がついて淡いベージュ色くらいになったら弱火にし、スライスアーモンドを加えて全体に手早く混ぜ、火を止める。

4 3をすぐ2の台にのせ、全体に塗り広げて平らにならす。粗熱が取れたら冷蔵庫に入れ、半日以上冷やし固める。

POINT トッピングの作り方

鍋にCを入れ、時々混ぜながら中火で煮詰める。

淡いベージュ色になり、ヘラでスッと鍋底に線を引くと鍋肌が見え、ひと呼吸置いて消えるくらいの状態が目安。

スライスアーモンドを加え、手早く混ぜる。

熱いうちにタルト台にのせて塗り広げる。粗熱が取れたら冷蔵庫でしっかりと冷やす。

＼プレーン台／

フルーツミックスの生フロランタン

ひんやりねっとりミルキーなトッピングに散らばるドライフルーツの酸味。
ちょこっとつまめるよう、ランダムなひと口サイズに切り分けました。

材料

(21×16.5×深さ3cmのバット1台分)

台

A薄力粉…75g
　グラニュー糖…15g
　塩…少々

Bオイル…25g
　牛乳…15g

トッピング

C生クリーム…90g
　グラニュー糖…35g
　はちみつ…10g
　バター…10g

Dフルーツミックス(*)…40g
　スライスアーモンド(ロースト)…50g

下準備

・バットにオーブンシートを敷く。
・オーブンを180℃に温める。

作り方

1 台を作る。ポリ袋にAを入れ、袋の口をねじってしっかりと閉じ、よく振り混ぜる。Bをよく混ぜて加え、ひとまとまりになるまで振り混ぜる。袋を切り開き、生地を二つ折りにしてのすことを3～4回繰り返して均一な状態にする。

2 1をバットに入れ、手で押して平らに敷き詰める。フォークで空気穴を多めにあけ、180℃のオーブンで16～18分焼く。

3 トッピングを作る。鍋にCを入れ、時々混ぜながら中火で煮詰める。とろりと濃度がついて淡いベージュ色くらいになったら弱火にし、Dを加えて全体に手早く混ぜ、火を止める。

4 3をすぐ2の台にのせ、全体に塗り広げて平らにならす。粗熱が取れたら冷蔵庫に入れ、半日以上冷やし固める。

＊フルーツミックスは、数種のドライフルーツを砂糖と洋酒に漬けた市販品。

＼プレーン台／

くるみ塩キャラメルの生フロランタン

甘さの中に塩味を微かに効かせておいしさの底上げを。加える塩の分量はほんの少しだけれど、まろやかさと旨みのある天然塩がやはりおすすめです。

材料
（21×16.5×深さ３㎝のバット１台分）

台
A薄力粉…75g
　グラニュー糖…15g
　塩…少々
Bオイル…25g
　牛乳…15g

トッピング
C生クリーム…90g
　グラニュー糖…35g
　はちみつ…10g
　バター…10g
Dくるみ（ロースト）…50g
　塩…ふたつまみ

下準備

・くるみは細かく砕く。
・バットにオーブンシートを敷く。
・オーブンを180℃に温める。

作り方

1 台を作る。ポリ袋にAを入れ、袋の口をねじってしっかりと閉じ、よく振り混ぜる。Bをよく混ぜて加え、ひとまとまりになるまで振り混ぜる。袋を切り開き、生地を二つ折りにしてのすことを３～４回繰り返して均一な状態にする。

2 １をバットに入れ、手で押して平らに敷き詰める。フォークで空気穴を多めにあけ、180℃のオーブンで16～18分焼く。

3 トッピングを作る。鍋にCを入れ、時々混ぜながら中火で煮詰める。とろりと濃度がついて淡いベージュ色くらいになったら弱火にし、Dを加えて全体に手早く混ぜ、火を止める。

4 ３をすぐ２の台にのせ、全体に塗り広げて平らにならす。粗熱が取れたら冷蔵庫に入れ、半日以上冷やし固める。

プレーン台

りんごの生フロランタン

りんごをキャラメル色にしっかりと炒め煮し、トッピングの材料を加えて
さらに煮詰めます。とろみのあるやわらかなトッピングなので、切り分けずに
食べられるようマフィン型で小さく焼きました。りんごはあれば紅玉で。

材料（直径7㎝のマフィン型6個分）

台

A 薄力粉…60g
　グラニュー糖…10g
　塩…少々

B オイル…20g
　牛乳…10g

トッピング

りんご…小1個
グラニュー糖…20g
C 生クリーム…80g
　グラニュー糖…40g
　はちみつ…5g
　バター…15g
スライスアーモンド（ロースト）…35g

下準備

・りんごは皮と芯と種を除き、小さな角切りにする。
・約10cm角のオーブンシートを6枚用意し、それぞれに4本の切り込みを入れる（→P.7「マフィン型に入れるオーブンシートを用意する」参照）。
・オーブンを180℃に温める。

作り方

1 台を作る。ポリ袋にAを入れ、袋の口をねじってしっかりと閉じよく振り混ぜる。Bをフォークでよく混ぜて加え、袋の口をねじってしっかりと閉じ、ひとまとまりになるまで振り混ぜる。袋を切り開き、生地を二つ折りにしてのすことを3〜4回繰り返して均一な状態にする。

2 1を6等分してそれぞれ丸め、オーブンシートの真ん中に置く。マフィン型の底面の大きさに合わせて手のひらで平らにし、マフィン型に入れる。竹串で空気穴を多めにあけ、180℃のオーブンで15分ほど焼く。

3 トッピングを作る。鍋にグラニュー糖を入れて中火にかける。グラニュー糖が溶けて茶色に色づいてきたら鍋をゆすって色を均一にし、りんごを入れる。時々混ぜながら煮て、りんごがしんなりして汁気がほとんどなくなったらCを加え、さらに煮ていく。濃度がついてとろりと煮詰まってきたら弱火にし、スライスアーモンドを加えて全体に手早く混ぜ、火を止める。

4 3をすぐ2のマフィン型に分け入れて平らにならす。粗熱が取れたらマフィン型ごと冷蔵庫に入れ、半日以上冷やし固める。

PROCESS

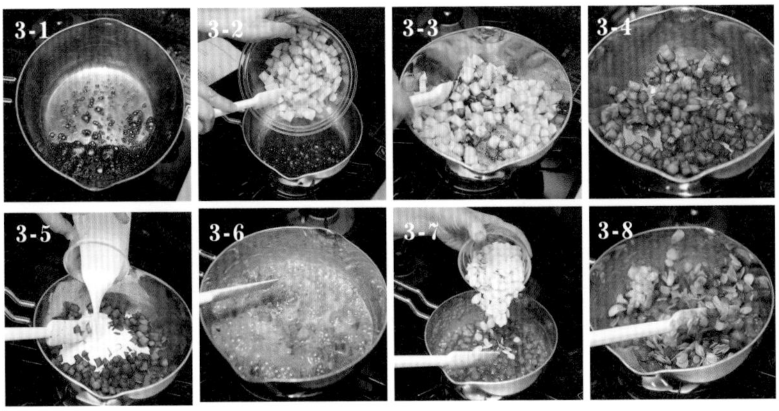

＼プレーン台／

栗とコーヒーの生フロランタン

たっぷりの渋皮栗とくるみを、甘くてほろ苦いコーヒーヌガーでまとめた大人味。タルト型を使い、キャラメルタルトのように仕立てました。側面に生地ができるぶん、食べ応えもアップ。おもてなしにもぴったりなひと品です。

材料（直径18cmのタルト型１台分）

台

A薄力粉…85g
アーモンドパウダー…20g
グラニュー糖…30g
塩…ひとつまみ

Bオイル…40g
水…５g

トッピング

C生クリーム…120g
グラニュー糖…50g
バター…10g
はちみつ…10g

D栗の渋皮煮…100g
くるみ(ロースト)…60g
インスタントコーヒー(顆粒)…５g

下準備

・タルト型に剥離油を吹きつけるか、バターを塗る(ともに分量外)。
・栗は汁気を切り、手で割って粗く崩す。
・くるみは包丁で刻むか手で細かく割る（ポリ袋に入れ、めん棒で叩いてもよい）。
・オーブンを180℃に温める。

作り方

1 台を作る。ポリ袋にAを入れ、袋の口をねじってしっかりと閉じ、よく振り混ぜる。Bをフォークでよく混ぜて加え、袋の口をねじってしっかりと閉じ、ひとまとまりになるまで振り混ぜる（時々生地を握りながら振り混ぜる）。

2 袋のまま上から手で押して直径14～16cmに広げ、型に入れる。手指で押し広げ、型の底と側面に沿わせて指で押してきっちりと敷き詰める（底面はスプーンの背でならすとよい）。底面にフォークで空気穴を多めにあけ、180℃のオーブンで16～18分焼く。

3 トッピングを作る。鍋にCを入れ、時々混ぜながら中火で煮詰める。とろりと濃度がついて淡いベージュ色くらいになったら弱火にし、Dを加えて手早く全体に混ぜ、火を止める。

4 ３をすぐタルト台にのせ、全体に広げて平らにならす。粗熱が取れたら冷蔵庫に入れ、半日以上冷やし固める。

PROCESS

稲田多佳子（いなだ・たかこ）

菓子料理研究家。京都生まれ、京都在住。主婦ならではの目線で試作を重ね、家庭のキッチンで作りやすく再現しやすいレシピを数々考案。ジャンルはお菓子からお弁当まで幅広い。著書は『ポリ袋でつくるたかこさんの焼き菓子』『ポリ袋でつくるたかこさんのマフィン・スコーン・パン』『ポリ袋でつくるたかこさんのあたらしい焼き菓子』(誠文堂新光社)、そのほか多数。
菓子料理教室「T's oven」主宰。日本茶インストラクター、ティーアドバイザー。

Instagram @takakocaramel

STAFF
調理アシスタント／若宮 愛
撮影／石川奈都子、平野谷雅和（スタジオフリースタイル）
デザイン／中山詳子、渡部敦人（松本中山事務所）
描き文字／松本孝志（松本中山事務所）
企画編集／株式会社 童夢
撮影協力／UTUWA

○P.27 ルバーブの入手先
sól farm（愛知県弥富市）
Instagram @sol_farm_yatomi

がんばらなくても大丈夫《だいじょうぶ》！ 基本《きほん》レシピとバリエーション47
ポリ袋《ぶくろ》でつくる たかこさんのタルト・パイ・フロランタン

2021年9月17日　発　行　　NDC596

著　　者　稲田多佳子《いなだたかこ》
発 行 者　小川雄一
発 行 所　株式会社 誠文堂新光社
〒113-0033 東京都文京区本郷 3-3-11
電話 03-5800-5780
https://www.seibundo-shinkosha.net/
印刷・製本　図書印刷 株式会社

ISBN978-4-416-62113-4